I0161254

Kuji-in Avanzado

Enfoque Transformacional

Escrito por MahaVajra

F.Lepine Publishing

www.kujiin.com

ISBN: 978-1-926659-34-3

Índice

La Historia y los Cambios

La técnica de los Nueve Sellos y sus enseñanzas asociadas, tienen su origen en la religión Hindú en donde fueron utilizadas inicialmente por unos pocos grupos de las castas más bajas. Estas técnicas místicas eran un medio utilizado por los monjes para llevar las virtudes del espíritu a la experiencia mundana. La forma original no estaba tan desarrollada como el sistema que tenemos hoy en día. Por lo tanto, esta perspectiva histórica se refiere a los orígenes del sistema actual, no a la Técnica de los Nueve Sellos moderna tal como existe hoy en día. El Budismo salió del Hinduismo, y, con él, la Técnica de los Nueve Sellos se hizo aún más popular. Los mudras originales siguen siendo los mismos que los que se enseñaron en la antigüedad, pero también se añadieron al sistema mantras Budistas para mejorarlo. Los mantras originales estaban en Sánscrito. Son invocaciones y celebraciones de los distintos Budas. El movimiento Budista más tarde viajó a China, donde la tradición se transmitió a los grupos herméticos y esotéricos existentes allí. Boa Pu Zhi, un sabio maestro Chino, fue el primero en poner los nueve mudras de las manos en papel, en su trabajo publicado alrededor del tercer siglo AC. Con el tiempo, las técnicas emigraron a Japón, junto con el Budismo esotérico, donde los mantras se tradujeron a la fonética japonesa.

La técnica moderna de Kuji-In se compone de un proceso ritual que comprende la aplicación tradicional budista de los "tres secretos" (mudra, mantra y mandala). El verdadero secreto de Kuji-In está dentro de la contemplación de esa filosofía que usamos para cambiar nuestra actitud ante la vida. El objetivo de la práctica de Kuji-In no es para adquirir fuerza, control, poderes sanadores, telepatía, etc ... Estos son sólo los efectos secundarios de la práctica de los rituales y de centrarse un poco en la filosofía governante. La mayoría de la gente aprenden la técnica simplemente para lograr uno o más de estos efectos secundarios de gran alcance. Apuntando a una meta tan mundana, su enfoque limitado, resultará en la obtención de 1/10 de lo que podrían haber logrado mediante la práctica de Kuji-In al máximo. El camino real de Kuji-In es la búsqueda de conocer la verdad sobre nosotros mismos. Se trata de una contemplación acerca de principios superiores, de la aplicación de comportamientos nobles en nuestra vida diaria, y requiere la capacidad mental para percibir el conocimiento que no se estudia, pero que es revelado. Una vez que se produce una revelación, los efectos secundarios mencionados anteriormente se desarrollarán rápidamente y sin esfuerzo.

Un maestro de Kuji-In transmite estas técnicas de acuerdo a la propia experiencia de sus revelaciones. Dado que la técnica fue transmitida oralmente a muchos grupos diferentes, por muchos maestros diferentes, la organización de los conocimientos de raíz sigue siendo la misma, pero el aspecto ritual ha cambiado un poco con el tiempo. Por lo tanto, no hay un cambio dramático en el sistema, ya que el verdadero conocimiento de Kuji-In se adquiere a través de la revelación, y las diversas técnicas rituales, que inevitablemente, estimulan la mente hacia el mismo objetivo, que es la revelación de la verdad. Mientras se aplique la práctica ritual, los efectos secundarios, finalmente se manifiestan. El público en general ve la manifestación de estos efectos secundarios como el signo más evidente de la consecución de la maestría y, generalmente (y erróneamente) creen que son la intención de estas prácticas.

Algunos practicantes de Kuji-In son adeptos de la meditación, y, según ellos, la técnica de Kuji-In es una manera de profundizar en la meditación. Otros Maestros son adeptos de las artes marciales, y, para ellos, las técnicas de Kuji-In construyen los profundos poderes internos del guerrero. Los brujos dicen que desarrolla la capacidad de manifestar fenómenos mágicos. Los campesinos y los agricultores podrían decir que es la técnica utilizada para atraer la fortuna y estimular las buenas cosechas! Aquellos que especulan sobre estas cuestiones sugieren que podría haber alrededor de 4000 escuelas diferentes que practican estas técnicas en todo el mundo, cada una transmite la técnica con sus propias variaciones únicas. Algunos budistas utilizan un baile Qi Gong junto con las 9 sílabas, mientras que otros se sientan en la meditación y utilizan una versión más larga de las oraciones de los Nueve Mantras. La aplicación de los principios, no importa. Mientras que la filosofía de Kuji-In sea la base adecuada de la técnica ritual, se obtendrán los resultados deseados.

Es crucial recibir las enseñanzas, las técnicas y la filosofía de Kuji-In de un maestro competente. A pesar de que puedes leer los detalles técnicos de la práctica en cualquier libro relacionado con este sistema, sólo la visión y la orientación de un profesor con experiencia conducirá a una comprensión de la actitud que es necesaria estimular en el proceso de revelación requerida en el estudiante. La revelación de tal conocimiento no es un proceso consciente y no se puede razonar lógicamente desde los hechos en cuestión. Por consiguiente, un profesor competente es aquel que ha experimentado personalmente los fenómenos de revelación interior repetidamente durante un número de años. Aunque también podríamos decir que un maestro competente haya aprendido las técnicas por sí mismo (y eso sería cierto en parte), sería poner en duda la competencia del profesor para sugerir que él o ella ha aprendido estas técnicas SÓLO por él o ella. De hecho, el factor más importante en este aprendizaje es la orientación que el practicante recibe con el fin de alcanzar el estado de revelación. Este conocimiento revelado es simplemente validado por el maestro, por lo que el estudiante no duda de sus primeras experiencias. Más adelante, si el estudiante tiene algo de competencia en pedagogía, y ha adquirido suficiente comprensión más profunda de la técnica en los últimos años para merecerlo, podría convertirse en un profesor/a.

Con el fin de ayudarte a discernir entre un buen maestro de un impostor: Un maestro competente de Kuji-In debe creer en Dios. Medita a menudo, y lo ha hecho durante muchos años. Hará hincapié en la importancia de la filosofía y su contemplación, (no las formas inferiores de logro). Tendrá una gran confianza en sí mismo sin ser egoísta. Estará generalmente en un estado de armonía, pero se aceptará a sí mismo al máximo, incluso en tiempos de turbulencia personal. Tendrá una pasión por la vida y te inspirará. Te requerirá un intercambio por su orientación, por lo que sabe sobre las leyes del Karma y la responsabilidad. Un buen profesor no presumirá de su competencia. Tenderá a mantener su espiritualidad para sí mismo y para sus alumnos. Por encima de todo, reconocemos un árbol por sus frutos. Si estás teniendo una experiencia fructífera de aprender con un profesor en particular, entonces ese profesor es competente. Cuando estás seguro de que has superado lo que un profesor te puede ofrecer, busca una fuente de conocimiento superior.

Enfoque Transformacional

La técnica de Kuji-In que aprenderás en este libro es el enfoque de transformación. Es una técnica que se ha enseñado desde hace siglos en templos espirituales, de maestro a discípulo. Aunque la técnica ritual es casi la misma que en la tradición japonesa Mikkyo, el aspecto más importante es el aspecto de transformación personal que era más popular en la versión budista de la India y de la China. En cierto sentido, esta técnica se dirige a un público amplio, ya que provoca una transformación para el sanador holístico, así como a los adeptos de las artes marciales. Sin embargo, sólo unas pocas personas tendrán el valor y la disciplina para aplicar la técnica y considerar los aspectos filosóficos.

Este enfoque de la técnica de Kuji-In es contundente y directo. Requiere la implicación del ser completo, con una actitud de aceptación y humildad. Su núcleo substancial es acerca de la transformación de sí mismo, a nivel del cuerpo, la mente y el espíritu. Te invitamos a reflexionar sobre cada capítulo de este libro a fondo antes de pasar al siguiente. Tómate tu tiempo para practicar y contemplar *las formas de vida sugeridas.*

Técnica Invocativa

Las técnicas de Kuji-In como serán mostradas aquí, al principio deben practicarse en la forma invocativa, lo que significa que se utilizará una llamada activa y animada al Espíritu para que esté disponible a nuestra conciencia humana. Por lo tanto, la invocación se dice en voz alta, mientras que respiras activamente, y mientras te mueves; por tanto, una cierta suma de energía se pone en cada aspecto de esta práctica.

Con una actitud calmada, sin respirar demasiado rápido, se recomienda que, la primera vez que practiques Kuji-In, manifiestes tu alegría de que estás vivo y feliz. Vigorosamente vocaliza los mantras, (sin gritar). Permite que tu cuerpo se mueva al ritmo que estableciste para tu práctica, incluso en las partes en que estás sentado en la práctica. También puedes sacudir las manos hacia atrás y hacia adelante mientras sostienes el mudra, y luego mover las manos de vuelta a la posición fija delante de ti, en el nivel que te resulte cómodo.

Antes de que empieces una sesión de práctica de Kuji-In, estira tu cuerpo, bebe un poco de agua, siéntate, y comienza la técnica de "respirar aire y energía". Es esencial para llevar a cabo esta técnica antes de cada sesión de Kuji-In para asegurar que será máximamente eficaz.

Técnica de Respiración del Aire y de la Energía

Hay una gran cantidad de energía libre que circula a tu alrededor en el aire y en el espacio. Esta energía útil se llama Prana; es tan sutil como el aire, y está siendo utilizada constantemente por tu cuerpo energético. Cuando inhalas, naturalmente atraes aire y Prana hacia dentro de tu nariz. El aire va hacia tus pulmones. El Prana toma otra ruta. Viaja por el interior de tu cavidad nasal y hacia el interior de la bóveda craneal. Cuando el Prana alcanza la parte superior de tu columna vertebral, se divide y se desplaza a cada lado de la columna vertebral. Al inhalar, el aire y el Prana fluyen de forma natural a lo largo del camino correcto, sin esfuerzo o concentración de tu parte. Desafortunadamente, muchos de nosotros tenemos obstrucciones que impiden que el Prana fluya por su destino natural. Para despejar estas obstrucciones, es útil usar la siguiente visualización junto con el ejercicio de respiración del aire y de la energía (prana):

- Inhala, visualiza que el Prana fluye hacia dentro de tu cavidad nasal, y que luego fluye hacia arriba, hacia el interior de tu bóveda craneal, como una corriente ancha de entre 5 y 7 cm de energía blanca.

- A partir de ahí se desplaza a la parte superior de la parte interna del hueso del cráneo, a la parte posterior de tu cabeza, y luego se divide fluyendo hacia abajo por ambos lados de la columna vertebral.

- En el coxis, continúa hasta tu perineo, (el punto sensible entre tu ano y tus órganos sexuales), donde se condensa su flujo y entra en el chakra base.

Seas consciente de ello o no, cada vez que inhalas aire, el Prana se desplaza al menos una parte de este camino, dependiendo de la salud de tu completo sistema energético. Practica esta visualización consciente junto con la respiración, con claridad, pero sin agobios. Esto ayudará al flujo natural del Prana a lo largo de su trayectoria designada y despejará cualquier obstrucción que pudieras haber desarrollado en esos canales. Con el tiempo, de forma natural completarás todo el ciclo del Prana sin concentrarte en él. Al inhalar, tu cuerpo retendrá de forma natural el Prana, a pesar de que no hay una válvula impidiendo que sea expulsado. Por lo tanto, sigue desplazándose en el interior del hueso craneal y a lo largo de la ruta que hemos descrito, hasta el perineo, donde es absorbido por el chakra base, con cada respiración. Para obtener más información sobre estos canales de energía, es posible que desees hacer una investigación adicional acerca de los canales Ida y Pingala.

Es esencial para activar una adecuada circulación del aire / Prana a través de tu cuerpo, conseguir que todo funcione correctamente. Cuando el Prana fluye correctamente, alimenta el fuego en el chakra base. El fuego en el chakra base se intensifica hacia arriba como una llama, y no se extingue hasta su nivel original durante algún tiempo, incluso después de haber terminado este ejercicio. Avivando la llama en el chakra base mejora notablemente el proceso de despertar de Kuji-In. Cada vez que exhalas, sólo aire (principalmente dióxido de carbono) es expulsado; el Prana permanece en el cuerpo y continúa fluyendo de forma natural sin ningún esfuerzo mental de tu parte.

RIN

Modo de Vida RIN

Tienes derecho a vivir. Cada vez que te permites creer que no tienes derecho a vivir, a ser, a actuar, le estás diciendo al Universo que prefieres ser víctima de tus propios eventos de la vida. Ponte de pie, ten seguridad y declara tu propio derecho a vivir.

Por otro lado, no te des permiso para actuar con arrogancia, o decir que eres mejor que cualquier otra persona. Si realizas este tipo de comparaciones, estás afirmando que hay diferentes niveles de derecho a vivir, o que algunas personas tienen más derecho a la vida, o tienen más derecho a respirar que otros. Cuando haces ese tipo de comparaciones, destruyes tu propio derecho a vivir, de ser y de sentirte bien contigo mismo.

De vez en cuando, todos tenemos tendencia a admitir, a nosotros mismos, que pensamos que somos mejores que los demás. Sin embargo, esta forma errónea de pensar refuerza los aspectos negativos de tu ego. Si deseas lograr una verdadera confianza en ti mismo, debes abandonar todo intento de comparar el valor de la vida humana. Por tanto, puedes ciertamente expresar tus distintas preferencias, prefiriendo las manzanas sobre las cerezas, o el color rosa al color azul, pero es crucial para el desarrollo de la completa auto conciencia que nunca juzgues a los demás como menos dignos de la vida que tú.

Sólo Dios puede juzgar a un ser humano y Su juicio es siempre: ¡TE AMO!

Una vez que comiences a confiar en ti mismo, practica el proyectar esta confianza en la vida. Díte a ti mismo: "La vida me cuida, confío en la vida". Con el tiempo, esta práctica le llevará a tener fe, la conciencia de que Dios cuida de ti en cada momento, y que puedes dejar de lado tus miedos y preocupaciones; nunca estás solo y Dios te ayuda en todas tus acciones. Si no lo hiciera, simplemente dejarías de ser.

De hecho, como ser humano, en realidad no tienes ningún control sobre exactamente lo que sucede en tu vida, pero sí tienes el poder de elección. Siguiendo estas técnicas, ganarás las herramientas para influir en el resultado de los acontecimientos en tu vida, y, finalmente, desarrollarás también el poder de manifestar los acontecimientos más como tú deseas que sean. Todavía no tendrás ningún control directo sobre el resultado de los acontecimientos en tu vida; simplemente aprenderás a confiar en la vida, y a tener fe. La Fe libera energía divina en tu cuerpo y aviva todas las demás actividades espirituales.

La Técnica RIN

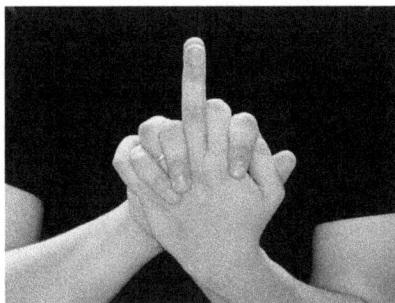

Extiende tus dos dedos del medio (dedo corazón) y entrelaza todos los otros dedos.

Chakra: Base

Mantra jp: On baï shi ra man ta ya sowaka

Mantra sk: Om vajramanataya swaha

臨

Visualiza una llama en tu chakra base, que crece más brillante cada vez que inhalas aire y Prana. La circulación del aire y Prana en tu cuerpo enciende y aviva la llama. Curiosamente, la llama no se apaga inmediatamente, incluso después de parar de hacer este ejercicio; el proceso parece ser auto-sostenible. Al exhalar, vocaliza la oración Kuji-In tres veces (3). En la inhalación es cuando la llama se enciende. Visualiza la llama cada vez mayor hasta que todo tu cuerpo parezca estar lleno de este fuego espiritual. Esta es la primera clave de RIN. Con esta técnica sagrada, 90 respiraciones completas (1 respiración =

1 inhalación y exhalación 1) ponen tu cuerpo en llamas. Puedes comenzar con 9 respiraciones completas, (que son 27 mantras), pero para obtener el máximo potencial del Kuji RIN, e iniciar el camino, tendrás que realizar el set completo 90 veces cada pocos días hasta que hayas dominado completamente la técnica, y sientas fuertemente la energía dentro de ti. En las primeras respiraciones, el fuego RIN crece simultáneamente en el chakra base y llena la parte inferior del cuerpo y las piernas. A medida que completas el set, el fuego RIN cubre tu cuerpo entero, las piernas, los brazos y, a continuación, se extiende un poco más allá de tu cuerpo (alrededor de una pulgada de la superficie exterior de tu piel). Un poco de humo azul oscuro puede ser visto cuando una parte de tu cuerpo se pone en llamas durante las primeras veces. Después de eso, es posible que aparezca un poco de humo blanco. Permite que el humo se disuelva inadvertido; no gastes ninguna energía prestándole atención.

Físico vs. Mejora Espiritual

Debes renunciar a la creencia de que el cuerpo físico no es espiritual, o que el espíritu está en algún otro lugar o dimensión. Usamos los términos físico y espiritual para describir los diferentes aspectos de nuestra naturaleza, pero estos diferentes aspectos ambos existen al mismo tiempo, y en el mismo lugar en ti, simplemente en diferentes niveles energéticos. Tus cuerpos espiritual, astral, energético y físico son la misma única cosa. Todos ellos están en la misma escala de frecuencias, que difieren sólo por su frecuencia de vibración. Por lo tanto, cualquier cosa que hagas en el plano espiritual fluye directamente hacia el plano físico, tanto si quieres como si no. Por lo tanto, Kuji-In es una técnica espiritual que produce resultados físicos bastante potentes. La técnica Kuji RIN desarrolla tu capacidad para generar circulación de energía sostenida, o incluso ráfagas intensas de energía cuando son necesarias. Esta práctica mejora tu fuerza de voluntad, tu determinación mental, e incluso la potencia de salida electro-magnética de tu sistema nervioso. Si te esfuerzas para levantar algo, tu sistema nervioso envía energía a los músculos para proporcionar la fuerza de salida necesaria. El sistema nervioso de un ser humano normal puede proporcionar alrededor del 30% de la energía bio-eléctrica de sus músculos. Cuando la técnica de RIN se lleva a cabo de manera competente, puedes duplicar la producción de energía bio-eléctrica al 60%, duplicando así tu fuerza. De todas maneras tendrás que hacer algún entrenamiento físico para conseguir que tus músculos se acostumbren a manejar esta cantidad de carga de energía; la entrega del 100% de tu potencial de energía a tus músculos dañaría los tendones y no es el objetivo de esta técnica. Algunos Maestros, especialmente en las artes marciales, práctican Qi Gong para los huesos y los tendones. Pueden levantar 800 libras en un instante y dar golpes con sus puños poderosos y mortales. Si puedes levantar 200 libras, y haces cualquier tipo de acondicionamiento muscular (levantamiento de pesas) para mejorar tu resistencia a 400 libras, puedes utilizar la técnica de RIN para doblarlo de nuevo a 800 libras. Por supuesto, no vas a lograr sólo esto con el uso de la técnica de RIN durante unas horas aquí y allá, tienes que darle tiempo para que trabaje en tu cuerpo.

RIN tiene muchas otras aplicaciones útiles, algunas no son obvias para el principiante. Una cosa es cierta, si no desarrollas tu competencia con la técnica de RIN, todos las demás técnicas de Kuji-In carecerán de la energía que necesitan; la energía disponible para las otras técnicas será simplemente insuficiente para que sean útiles. Si deseas utilizar estas técnicas para sanar a otros con la técnica de SHA por ejemplo, la circulación de energía mejorada que RIN, KYO y TOH proporcionan son obligatorias antes de que SHA pueda ser utilizada efectivamente. RIN te dará la fuerza que necesitas en todos los niveles, porque tu espíritu no ve ninguna diferencia entre tu físico, etéreo, astral, mental, causal, alma y seres energéticos espirituales, aparte de las frecuencias variables que representan cada uno. Todo lo que te comprende es una entidad única con un cuerpo físico denso en la frecuencia más baja.

Un Rápido Incremento de Energía

Si alguna vez necesitas una rápida ráfaga de energía física, es posible aplicar esta técnica sencilla, una vez que tengas el fuego de RIN fluyendo a través de ti. Esta técnica será totalmente inútil para cualquier persona que no practique el sistema de Kuji-In que tu estás aprendiendo.

Pon el fuego de RIN a fluir a través de ti en 3 respiraciones, a continuación, centra energía alegre en tu chakra base, extendiéndola a lo largo de todo tu cuerpo. La alegría es el fundamento de la vida, y la liberación de esta emoción desencadenará un flujo de energía vigorosa. A continuación, tensa todos los músculos de tu cuerpo y mantén esa tensión durante 3 segundos. Tensar los músculos condensará la energía, juntándola para tu uso. A continuación, libera la tensión sin relajar tus músculos por completo y mantenlo durante 3 segundos, y luego tensa y mantén durante 3 segundos de nuevo. La alegría es vida, y el aumento de la energía de vida en tu sistema hará que tu energía interna circule más vigorasamente. Esta acción de bombeo (tensión-relajación) inunda tu cuerpo con bio-energía física disponible. Repite esta secuencia varias veces. Con cada repetición imagina que estás tirando de los niveles más altos de vibración hacia dentro de tu cuerpo.

Es casi como si la energía rocía dentro de tu sistema, como si pudiera exprimir el jugo de un limón o naranja en un vaso. Te llenas con esta deliciosa energía que alimenta y llena. Estira tu cuerpo; abre bien los ojos; mirar hacia arriba durante 3 segundos y respira profuuuundamente. Mira hacia abajo y toma otra respiración profuuuunda.

Resumido:

Tres (3) inhalaciones completas reactivan el fuego de RIN en tu cuerpo. Tres (3) segundos de la acción de bombeo (tensando y soltando tus músculos) condensa tu bio-energía disponible. Estira tu cuerpo otra vez; mantén tus ojos abiertos, respira mientras miras hacia arriba y luego hacia abajo. No te relajes, después de todo, ¡pediste más energía!

KYO

Modo de Vida KYO

Para activar las habilidades de la técnica del nivel de KYO, debes contemplar los siguientes hechos:

- Recibes de la vida lo que pones en ella.
- Cada acción que realizas tiene una consecuencia.
- Todo lo que haces emite energía que eventualmente volverá.
- No hay bueno o malo, sólo acción-reacción.
- Eres responsable de todo lo que te sucede.
- Eres el Maestro/a de tu vida.

Una persona debe llevar a cabo activamente acciones buenas y responsables durante un largo tiempo antes de que la (aparentemente) mala suerte pare de manifestarse. También hay consecuencias que vienen a ti como "eventos incómodos ', que son resultado de las acciones de tu mente subconsciente. Es posible que creas que has sido bueno y responsable en tus acciones; sin embargo, la mala suerte, y los acontecimientos perturbadores no siempre son un castigo por mal comportamiento o una acción irresponsable, que se produce como consecuencia de la ley kármica. A veces estos acontecimientos inquietantes son simplemente el resultado de las acciones de tu mente subconsciente, que puede activar el traer estos eventos difíciles en tu vida, cuando moras en la creencia de que no mereces vivir, la creencia de que eres una mala persona, la creencia de que no tienes valor., etc... En lugar de perpetuar esta forma de pensar y sus efectos destructivos en el subconsciente, es posible utilizar estas experiencias como una herramienta transformadora de la vida. Empiezas este proceso cuando aceptas que eres responsable de todo lo que sucede en tu vida, lo sepas o no.

Puede ser difícil de creer, pero eres el Maestro/a absoluto de tu vida. Sin embargo, ¿cómo puedes llegar a ser poderoso si estás continuamente manteniendo la creencia de que las cosas en tu vida están constantemente fuera de tu control; que no tienes ningún impacto en las circunstancias de tu vida? Para comprender tu verdadera naturaleza, debes empezar a esforzarte con las apariencias que crean la ilusión. Esa ilusión es tu máscara física. Debes luchar con ello. Por lo tanto, sería correcto decir que hay eventos que se producen por razones que tú no entiendes, y ciertamente hay energías y eventos puestos en marcha a tu alrededor de los que no eres consciente, por lo que todavía no estás plenamente consciente, y debes captar que eres en realidad el Maestro/a de todo lo que te sucede, lo SEPAS, o no. Es posible que te sientas al principio sin fuerzas con todo esto, y es natural. Es esencial para reprogramar tu pensamiento por lo que toma la responsabilidad de todo lo que te sucede. Si no crees esto; si no practicas esto, no ganarás el poder de manifestar lo que realmente quieres. Mientras te aferras a la programación de la actitud-víctima que estás utilizando actualmente, estarás culpando a los demás, o a la vida, o a las circunstancias por lo que se manifiesta en tu vida. Tan pronto como te des cuenta de que tu cambio de actitud mental en última instancia tendrá un efecto positivo, los contratiempos temporales y obstáculos pueden ser tratados, sin ceder al auto-derrotismo y a la actitud de víctima.

La Técnica KYO

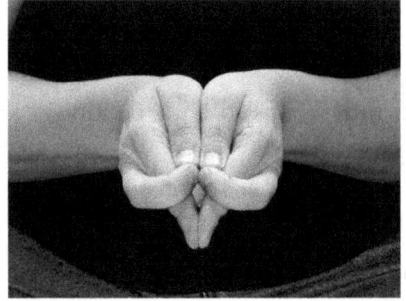

Extiende tus dedos índices y dobla tus dedos medios por encima de tus dedos índices para que la punta de los dedos pulgares se toquen. Entrelaza todos los otros dedos.

Chakra: Hara / Ombligo

Mantra jp: On isha na ya in ta ra ya sowaka

Mantra sk: Om ishaanayaa yantrayaa swaha

兵

La primera parte requiere un intercambio de energía entre los cuerpos energéticos interiores y exteriores al nivel del chakra del ombligo (2 pulgadas por debajo de tu ombligo, dentro de tu cuerpo). Visualiza luz blanca que fluye hacia el exterior en todas las direcciones desde el chakra del ombligo, al mismo tiempo que la energía de luz blanca está fluyendo hacia el centro del ombligo. El sistema que estamos describiendo aquí involucra un circuito completo: entrada, circulación de energía - y salida. Esto puede ser visualizado como una sola esfera con flujo bidireccional, que se extiende hacia fuera de tu cuerpo sólo unos pocos centímetros. Tu ombligo interior es el centro de la esfera (por donde la energía entra). Puedes visualizar la luz fluyendo más intensamente en la parte delantera y trasera de tu cuerpo, donde el chakra del ombligo tiene su entrada. (Puedes pensar en esto como un puerto de entrada, si eso te ayuda). Mantén la visualización y la sensación del fuego de RIN quemando lo largo de todo tu sistema como un fondo, pero no te concentres en esto. Enfoca tu atención en la continua entrada y salida de energía desde tu chakra del ombligo, que luego se condensa en una esfera alrededor de ti, y un centro de energía brillante dentro de ti. Visualiza esta luz blanca que entra y sale de ti, purificando tus intercambios de energía con el Universo. Respira profundamente y relájate. Cuando inhales, céntrate en el flujo de energía dentro de ti. Cuando exhales, recita el mantra completo de la oración tres veces.

Evolución consciente con Kuji-in

Cuando estás realizando consistentemente la contemplación filosófica descrita anteriormente, comenzarás a ver cambios en tu vida personal. Todo el mundo tiene pequeñas bolas de energía que se atascan que obstruyen uno o más de sus canales energéticos. Tu uso de las técnicas de Kuji-In mejorará tu experiencia spiritual, de forma segura y efectiva al aclarar estas obstrucciones, una o varias a la vez. El material que estaba obstruyendo tus canales es entonces liberado, enviado de vuelta al Universo. Con el tiempo, algo de esta energía dispersa, puede volver a manifestarse en los eventos que conducen a la causa que ocasionó el bloqueo desde el principio, ofreciéndote una oportunidad de resolver este problema de una vez por todas. Por lo tanto, a pesar de que " los bloqueos" están dispersados en el Universo, pueden dar lugar a la reaparición de los problemas anteriores y cambios de vida si no has dominado la lección kármica asociada con ellos.

Kuji-In es un proceso que te permite soltar los desechos de la experiencia humana. El efecto secundario de esta liberación es que te haces más poderoso, pero el objetivo principal es siempre evolucionar. Una vez que te libras de las obstrucciones energéticas, es posible que todavía experimentes algunas de estas apariciones kármicas, pero, inevitablemente, va a ser un evento que puedes resolver con prontitud, o un evento de tu Súper Consciente eligió para ti, con el fin de experimentar y tener nuevas experiencias en tu vida. En todos los casos, te harás más fuerte. Sin embargo, Kuji-In no es una técnica que dará a un ser humano poderes sobrenaturales para el bien de su ego, o debido a un deseo humano de poder. Kuji-In no está destinado a proporcionar un impulso al ego, y, en muchos casos puede ser bastante duro para los que tienen egos frágiles: los que habitan en la vanidad, con la arrogancia de falsa superioridad. Más bien, Kuji-In desencadena una expansión de la conciencia, lo que naturalmente conduce a la evolución que hemos estado describiendo. A medida que evolucionas, no tardarás en descubrir que los acontecimientos dolorosos que estabas esperando resolver, realmente se producen con mayor frecuencia, a veces se suceden uno tras otro en rápida sucesión. Estos eventos desafiantes se manifiestan con mayor rapidez, por lo que puedes evolucionar más rápidamente. Si ya te sientes abrumado por la mala suerte o por el mal karma, reduce velocidad; tómate el tiempo que necesites para resolver cada situación que surge, una a la vez. Kuji-In está destinado a facilitar este proceso, te sentirás desbordado sólo si haces demasiado. Desarrolla fe, y aprende a confiar en la vida con RIN. Desarrolla responsabilidad personal con KYO. Esto te hará la vida más fácil.

Si encuentras que hay una gran cantidad de acontecimientos negativos que ocurren en tu vida, toma un poco de tiempo para hacer el kuji KYO. Contempla el concepto de que eres responsable de (eres la causa interna de) todo lo que sucede, mientras haces que el flujo de energía de entre/ salga al nivel del chakra del ombligo. Incluso si no sabes la causa interna en el momento, al permitirte estar abierto a la idea de que estos acontecimientos dolorosos o frustrantes vienen de ti, el problema será más fácil de resolver. Si el evento ha estado oscilando al borde de la manifestación, es también más propenso a convertirse en un hecho real. Una vez que se manifiesta en la realidad, te darás cuenta de que tienes las herramientas para resolverlo fácilmente.

Una palabra acerca de la Responsabilidad

RIN utiliza un proceso de mejora de la auto-confianza y la fe. Nunca debe ser invocado para eludir responsabilidad personal por cualquier cosa. Si te das cuenta de un problema y decides ignorarlo bajo el pretexto de que "la vida se encargará por sí misma", bien ... La vida tomará cuidado de ti. Es posible que pierdas todo y te conviertas en un mendigo,... pero la Vida ha tenido cuidado de ti, de acuerdo a tus propios dictados. Si demuestras una falta de respeto a tu propio valor personal a través de tu falta de acción, entonces manifestarás inacción y falta de valor. A medida que el proceso de KYO nos enseña, si muestras valor personal y acción responsable, entonces serás responsable de causar lo que deseas manifestar (positivamente). Debes actuar de acuerdo a tus deseos.

Sin embargo, incluso si trabajas muy duro para poner estos principios en acción, si no crees que la Vida te cuidará, la actuación responsable puede manifestarse como desafío constante a tu seguridad. Incluso cuando empieces a exhibir un manejo responsable y a tener confianza en la Vida, tomará bastante tiempo para manifestar lo que deseas si no tienes la actitud de RIN de fe fijada firmemente en su lugar. Estas técnicas se basan la una en la otra, y el dominio de una técnica te ayuda a hacer bien la próxima. Por lo tanto, el dominio significa tener cada técnica sólidamente establecida como parte de tu vida, de modo que la actuación responsable te ayudará a manifestar abundancia en todos los aspectos de tu vida (si tienes fe en que la Vida cuidará de ti).

Algunas personas llaman a este proceso transmutar el karma; otros se refieren a él como trascender la experiencia humana. Yo lo llamo transmutar la emoción, porque es a nivel emocional donde se produce la trascendencia. Puedes utilizar tu mente consciente para penetrar y absorber el contenido emocional y el significado de tus experiencias, para absorberlas y digerirlas, por lo que se convierten en los nutrientes que te ayudan a evolucionar.

Una emoción no puede ser transmutada por desear activamente que desaparezca, o tratando de deshacerse de ella. Cualquiera que sea la experiencia que estás tratando, ocurrió por lo que podrías llegar a ser consciente de tus emociones más profundas, para hacerles frente y absorberlas. Es sólo al convertirse en consciente de toda la gama de nuestras experiencias emocionales, que seremos capaces de transmutar estas experiencias y utilizarlas para ayudarnos a evolucionar. Nuestra Super-conciencia intencionalmente experimenta con (nos permite experimentar) estas diferentes situaciones de la vida y emociones difíciles, por lo que nuestras almas pueden saborear la vida en toda su maravilla y su miseria. Nuestra Super-conciencia nos está exponiendo a estas experiencias por lo que la mente consciente puede "despertar" y tomar conciencia de su propia existencia. Por lo tanto, no es nuestra tarea huir de tales experiencias, ni, por el contrario, buscarlas. La vida nos traerá lo que necesitamos para nosotros. El proceso de transmutación no se da cuando estamos absortos en el temor, el miedo y la preocupación. Esas emociones sólo conducen a la evitación. Esta transmutación requiere el que tomemos los primeros pasos para aprender que la vida nos va a dar lo que necesitamos, y tenemos lo que necesitamos para penetrar, absorber y digerir estos eventos, de modo que son el resultado de nuestra evolución.

TOH

Modo de Vida TOH

TOH es el Kuji atribuído a la armonía, pero ¿por qué es esto?

En este nivel, se te anima a centrarte en el interior de tu dan tian (dentro de tu abdomen), y adoptar una actitud de humildad, de tolerancia y adaptación.

Cuando una fuerza externa incide sobre ti, puedes resistir, creando un conflicto y un posible callejón sin salida, o puedes inclinarte hacia ella, adaptando tu forma exterior a la fuerza que entra, cediéndole el paso. Cuando aceptas el flujo de energía sin resistencia rígida; cuando humildemente te adaptas a su flujo, permanecerás en un estado de armonía.

Considera una pequeña corriente de agua que está tratando de seguir su curso entre dos montañas. Incluso si una roca gigante cayó en la corriente, obstruyendo su flujo, el flujo no se quejaría a la roca "¡Ponte fuera del camino!" e intentaría forzar la piedra fuera de su camino. Si la fuerza de la roca a permanecer es mayor que la fuerza del agua para moverla, el agua humildemente fluye bajo la roca y alrededor de sus lados hasta que pasa de nuevo a su camino. A pesar de que la roca intenta maldecir al agua, el agua no lucha contra la roca. Se mantiene en un estado de armonía y sigue fluyendo en su propia manera, con humildad.

Aprende a tolerar lo que está sucediendo a tu alrededor, y si parece afectarte, humildemente adapta tu actitud frente a los nuevos parámetros. Hay otros momentos en los que la fuerza del agua es mucho mayor que cualquier roca, pero TOH no es ese tiempo ni lugar. TOH es un estado de armonía que mantienes con tolerancia, humildad y espíritu de adaptación sin fuerza.

Si dejas caer una piedra en un estanque de agua, las ondas irán y vendrán. Con el tiempo, debido al estado flexible y adaptativo del agua, el estanque volverá a un estado pacífico de reflejo como un espejo, contemplándose a sí mismo, contenido en su cama terrenal. Por lo tanto, la lección del agua es contenerte pacíficamente mientras te adaptas a tu entorno. Si aprendes esta lección correctamente siempre estarás en un estado de armonía y siempre tendrás amplias reservas de energía.

Vamos a añadir un detalle importante aquí. Si se aproxima un tren hacia ti, por favor, no te quedes ahí, mientras que felizmente crees que pacíficamente 'aceptas todo lo que pasa' y que tu cuerpo se adaptará a los nuevos parámetros del choque entrante. La elección prudente es adaptar tu posición física y salir del camino antes de que sea demasiado tarde. Si hay un montón de discusión sucediendo a tu alrededor o alguien que es discutidor contigo, adapta tu tolerancia, negocia lo mejor que puedas, encuentra una solución, y toma las acciones que debas para resolver la situación. La adaptación no requiere que aguantes la estupidez persistente; la adaptación significa moverse cuando es necesario, cambiar tu dieta cuando sea el momento, hacer ejercicio para mantener tu cuerpo sano, y así sucesivamente. La adaptación no significa adoptar una actitud servil hacia el punto de vista de otra persona, o permitirte a ti mismo ser atropellado por un tren. Esto significa adaptar tu comprensión y tu punto de vista a la situación, y utilizando la menor cantidad de energía para fluir en armonía con las fuerzas que te rodean, mientras te mantienes firme a tu verdad interior. Si algo pone en peligro tu vida, preserva tu vida y la salud de cualquier manera que puedas.

La Técnica TOH

Extiende tus pulgares y los dos últimos dedos de ambas manos, manteniendo tu dedo índice y medio dentro de tus manos entrelazados.

Chakra: Dan-tian, entre el Hara y el Plexo Solar

Mantra jp: On je te ra shi ita ra ji ba ra ta no-o sowaka

Mantra sk: Om jitraashi yatra jivaratna swaha

En tu abdomen, entre los intestinos, hay una sustancia fluida en el nivel físico y un fluido de plasma en el nivel energético. Este fluido actúa como nuestro ácido de la batería estándar, y es capaz de recoger y almacenar las reservas de energía. Toda tu intestino/ entrañas se llena con esta recolección de energía de plasma. Cuando inhalas el aire rico en oxígeno sopla suavemente en el fuego de tu chakra base, causando que este fuego fluya a través de todo tu cuerpo. Al mismo tiempo, tu abdomen también se llena de energía. La energía te está en realidad inundando desde todas partes todo el tiempo, y esta parte de tu cuerpo está constantemente recogiendo y almacenando esa energía, igual que una batería. Ya sea que respires hacia dentro o hacia fuera, el flujo es continuo. No hay límites en la energía que puedes reunir, un desbordamiento es bienvenido. Tu cuerpo sabrá qué hacer con esta reserva de energía, por lo que no tengas miedo a llenarlo. Nunca apliques fuerza, simplemente utiliza tu mente para visualizarla entrando y recogiéndola, y se llenará por sí mismo. Tu cuerpo no necesita mucho estímulo para hacer esto, ya que ése es su propósito natural. La energía es blanca cuando entra y se crea un poco de sombra dorada, a medida que se condensa dentro de tu cuerpo, llenando tu sistema de reservas de dorado saludable, de energía radiante. No pongas ningún esfuerzo en la inmovilización de la energía. Tu cuerpo sabe naturalmente cómo usarla, y podría acceder a las primeras reservas en el momento que te llenes a ti mismo, (si no estás acostumbrado a tomar el tiempo para rellenar tu depósito).

Después de unos minutos, enfoca tu concentración en llenar el depósito de energía en tu abdomen. Al mismo tiempo, deja ir el mundo exterior, y comienza a perderte en tu cuerpo, como si estuviera envolviéndote en un capullo (huevo de nergía). Simplemente coloca tu conciencia en tu abdomen, no te preocupes acerca de tomar una forma particular. Disfruta de contener tu conciencia en tu cuerpo y de aislarte del mundo exterior. Tu centro de gravedad está en tu abdomen. Tu centro de vida está en tu abdomen. Llénate con la vida, contente a ti mismo como la vida.

Esta es la parte más importante de la técnica de TOH. Saber que eres vida. Estás dentro de ti mismo, y no eres una simple cosa humana o un objeto mundano, eres Vida. Llénate a ti mismo con estos flujos de energía y sé consciente de que eres esta energía-presente-que da vida. Si hay una llama que va a través de ti (digamos que viene del chakra base), entonces te llena de vida cuando pasa a través de tu cuerpo, y te conviertes en esta vida como conciencia. Si la energía fluye alrededor y a lo largo de todo su ser, entonces te llena y tú eres esa energía. Si eres vida, entonces la conciencia de ti mismo, que te llena por sí misma, continuamente mejorará tu conciencia de ti mismo como vida. Permanece en paz, eres Vida contenida dentro de ti mismo.

Transmutación Emocional

La técnica de transmutación emocional no debe hacerse excesivamente. Puede ser desafiante al principio, así que comienza por hacerla una o dos veces para ver cómo se siente. Algún día, cuando te sientas por la exploración de tu mundo emocional, puedes volver a este ejercicio y practicar la transmutación emocional más a menudo. Incluso puedes esperar muchos años antes de realizarla de manera regular, en realidad no importa. Algún día, sentirás la necesidad de utilizar esta técnica. Cuando lo sientas, duplicarás tu eficiencia con Kuji-In. Hasta entonces, muchas cosas pueden mejorar tu eficiencia con Kuji-In, así que está bien preferir una u otra técnica. Es importante probar cada técnica al menos una vez, y luego debes centrarte en el hilo conductor de Kuji-In (la combinación de actitud / práctica).

Ahora que entiendes la auto-confianza y la forma de permanecer en la fe (RIN), ahora que eres responsable de lo que sucede y que puedes activar la liberación de experiencias evolutivas (KYO), ahora que sabes que estás dentro de ti mismo como conciencia (TOH), es posible que desees saber cómo procesar todas estas nuevas experiencias.

Cuando una experiencia perturbadora ocurre y deseas resolverla, en primer lugar toma todas las acciones físicas necesarias que debas, con el fin de corregir la situación, entonces siempre puedes trabajar a nivel emocional para ir a través de toda la experiencia (usando conciencia para penetrar en la experiencia y absorberla); por este medio significa que puedes digerir la experiencia y transformarla, liberando así la necesidad de que la experiencia se manifieste físicamente una y otra vez. Esto es lo que algunos maestros llaman "la transmutación del karma" o " trascender la experiencia humana". Yo llamo a esto Transmutación de las Emociones.

Una emoción no se transmuta deseando activamente que desaparezca, o tratando de deshacerse de ella. Cada experiencia ocurre para que puedas llegar a ser consciente de ella ; es sólo al tomar conciencia de la experiencia completa, que la emoción se transmuta y se libera como una nueva experiencia (superior). Experimentamos con emociones para que, el alma puede saborear la vida y para que la conciencia pueda conocer su propia existencia. No debemos de huir de las emociones dolorosas o difíciles, además no debemos intencionadamente provocar dolor tampoco. Este proceso no puede tener lugar mientras escuchas la voz interior y su miedo natural de sentir dolor. Tendrás que ser valiente e ir más allá de tu miedo, tener fe, soltar el control del dolor emocional y tomar conciencia de la emoción sin comprometerla de ninguna manera.

La Técnica de Transmutación

Comienza la Técnica de Transmutación seleccionando un acontecimiento reciente del que te sientes culpable o algún evento en el que tal vez te sentiste rechazado. Puedes elegir cualquier memoria, ya sea en tu pasado reciente o remoto, con tal de que no sea una experiencia que asocias con emociones dolorosas aplastantes de ningún tipo. Comienza con esta emoción problemática, pero soportable, de manera que puedas hacer el trabajo emocional y aún así, ser capaz de seguir adelante con estos tres sencillos pasos. Recuerda que sólo necesitas comprender y practicar estos pasos con el fin de dominarlos.

Primer paso (contacto interno) : Refresca tu memoria de la emoción y de la situación vinculada a ella. Toma una respiración profunda y siente esta emoción sin limitación. Es en tu abdomen, en tu interior, y puedes sentirla cada vez más. No la amplíes desde tu postura normal como la víctima de esta emoción, en cambio, escúchala, siente lo que trae para ti, degusta su sabor, acepta su perfil y forma y cómo se define a sí misma (aunque sea diferente de cómo la definías), contémplala, y manténla dentro de ti. Permanece en paz y revive la emoción durante unas cuantas respiraciones, hasta alcanzar un minuto completo. Permanece en paz. Más adelante en tu entrenamiento puedes realizar esto con algunas emociones más potentes. Por ahora, simplemente disfruta contemplando tranquilamente el cambio positivo que acabas de hacer.

Rara vez, puedes sentir la necesidad de expresar una emoción hacia el exterior, con el fin de liberar un poco la presión que se parece estar construyendo. En las raras ocasiones, (y esto no es para hacer con frecuencia), simplemente libera lo que necesitas dejar de lado, pero nunca pierdas el control sobre este experimento. Cuando sólo estás aprendiendo estas técnicas, es demasiado fácil volver a la actitud de víctima, y comenzar a ampliar lo terrible que la situación es. Recuerda que estás practicando sólo para tomar conciencia de la emoción. Cuando eres incapaz de soportar la intensidad de una emoción, debes liberar parte de la presión que hay en ti, luego continúa adelante con el proceso. Es evidente que no es el objetivo mantener esta emoción atrapada dentro de ti, o enterrada. Más bien es el objetivo de este ejercicio liberar la retención que tienes en ella. Por lo tanto, es perfectamente posible realizar el proceso al tiempo que expresas una emoción humana normal. Simplemente no pierdas de vista el experimento sin perder el dominio del proceso. Respira en tu abdomen durante todo el proceso. No respires desde el torso superior. Mantén la situación que provocó la emoción en tu mente mientras sientes la emoción.

Segundo paso (integración) : Vete al interior de la emoción y síguela dondequiera que te conduzca. Respira profunda y cómodamente. A medida que el aire fluye dentro de tu abdomen, tu tarea, como conciencia, es penetrar la emoción y dejar que te absorba. Permanece al tanto de todos los sentimientos que evoca la emoción al entrar en ti, si sientes dolor o vacío, frío o calor, ira o tristeza- Vete dentro de la misma y conviértete en ella. El proceso de Integración requiere una fusión consciente de ti y la emoción. Vas a dejarte envolver dentro de la emoción; ser integrado por ella. Durante unos minutos, respira y acepta, respira y conviértete, respira y siente. Sigue el camino al que esta emoción te lleva, y te darás cuenta que la mayoría de las veces, la emoción está cubriendo a otra emoción que está enterrada debajo de ella.

Cada emoción surge en nuestra conciencia porque está vinculada con alguna experiencia humana. Usa tu mente para seguir estas experiencias del pasado para que puedas recordar lo que sucedió. Es posible que tengas que ir a través de una serie de eventos (mientras sigues tus emociones), hasta llegar a la primera vez en tu vida que sentiste esa emoción. Permanece concentrado. No saltes de un tema a otro; sigue el rastro de una experiencia hasta la raíz de su causa, siguiendo un hilo conductor a la vez. Al permitir que las emociones existan, sin evitarlas o rechazarlas, la emoción se libera, y la energía asociada a ella deja de estar atrapada; la emoción está viva de nuevo, emancipada. Cuando dejas de bloquearla y le permites SER, tu conciencia puede comprender la profunda esencia de esa emoción.

Durante el ejercicio de convertirte en la emoción, este sentimiento previamente problemático se re-establecerá a un estado pacífico, natural y obtendrá una comprensión abstracta y clara de tu experiencia humana. Eres lo que experimentas, como conciencia, como espíritu, como vida. No te apresures a través de tu experiencia en este paso. Deja que la fusión de penetración continúe por un tiempo, hasta que no haya dolor asociado con la emoción, -sólo la experiencia de ella. La respiración consciente también de forma natural, relajará tu control sobre la emoción hasta que es liberada. Por favor, comprende que la emoción no te dejará, simplemente será libre de permanecer dentro de ti sin ninguna de las asociaciones negativas anteriores. Siempre conscientemente empuja más allá tu miedo al dolor; nunca alejes la emoción. Con tu mente, consolida toda la experiencia, que se compone de todos los acontecimientos de vida que la hicieron; respira y sé consciente dentro de esa totalidad.

El ego humano tiene sistemas naturales de defensa fuertes. Muchas veces, la emoción no se bloquea por sí misma. En su lugar, el ego humano mantiene el control sobre ella, debido a su arrogancia, vanidad, celos y envidia, el ego se niega a permitir a la emoción el derecho a ser resuelta, todo a causa del orgullo. Tienes que estar a cargo de este experimento y liberar la retención mental que mantienes en tu emoción. Simplemente tienes que dejar ir.

Tercera paso (liberación) : Cuando te sientas completamente saturado con la emoción que estás trabajando, cuando tu conciencia la ha transmutado en una experiencia de vida, esa emoción (y toda la energía que fue atrapada con ella) es liberada. No se desprende de ti, está disponible para ti de nuevo, y todo el poder y la potencia de la emoción está viva otra vez para ti. La energía pesada, densa o contraída que te estaba molestando se libera y se convierte en su esencia, y se disuelve en tu conciencia superior. Una buena sensación, naturalmente brotará de tu interior. Puedes sentirte profundamente satisfecho, o puedes experimentar un profundo estado de paz, o puedes sentir la alegría de la libertad emancipadora. Respira y permite que este nuevo sentimiento de alegría te llene, libera esta emoción positiva si lo deseas.

Después de esta transmutación, lo más importante para ti hacer es contemplar la totalidad de la experiencia como una vida alegre y feliz. Incluso si tu experiencia humana física no parece haber cambiado en absoluto, tu experiencia interior se convirtió uno con Dios. No dejes que tu ego humano te robe este momento. Es crucial para que te regocijes dentro de ti mismo, por haber saboreado la vida al máximo.

Ejemplo de Aplicación

Un par de días antes de empezar a escribir este libro, estaba afectado con inseguridad. Hice un poco de RIN en nivel de Kuji, respirando mientras me centraba un poco en la visualización del fuego, pero mayormente concentrándome en la filosofía de que "La vida me cuida, no estoy solo, Dios está conmigo, y confío en la vida". Me permití liberar mi control sobre ese sentimiento. Usé Kuji-In para ponerme en contacto con el aspecto que quería trabajar, y luego dejé la práctica específica de Kuji-In para poder concentrarme en la transmutación emocional.

En cada respiración, me permití sentir la emoción, totalmente consciente de ella, permitiéndome sentir a mí mismo todas las sensaciones que surgían, y absorber el "sabor" de estos sentimientos. Con el fin de ir por debajo del miedo, fui a la emoción de sentirme abandonado. Me senté en la emoción de abandono en un estado de completa aceptación por algún tiempo. Me sentí triste por el abandono. Me llevó unos minutos antes de poder llegar a la profundidad de mi tristeza. Mi objetivo era ser consciente de ella, sin tener que luchar contra ella, o tratar de cambiarla. Seguí la experiencia más y más profundamente, sólo para descubrir que tenía miedo de no tener suficiente dinero. Cuando tenía 20 y pocos años experimenté ser un mendigo. Cada día esperaba comer, y llegué a comprender que la vida es muy difícil. Unos minutos más tarde, después de haberme cuestionado cada vez más ampliamente en cuanto a por qué tuve que pasar por la experiencia de ser un mendigo, busqué recordar un momento en el pasado más lejano, cuando hubiera sentido esa misma emoción. Me acordé de mi hermano robando mis juguetes y de repente me di cuenta que fue ahí cuando empecé a creer que la vida no me daría lo que yo quiero.

Al aceptar que no tengo control sobre mi vida, sentado en ese conocimiento y entendiéndolo tras un buen número de respiraciones, la inseguridad gradualmente se disolvió y la emoción desapareció. De hecho, en realidad no desapareció; se transmutó en confianza. Por este motivo, llegué a comprender toda la experiencia y la emoción se convirtió en lo que buscaba, gracias al maravilloso proceso de la evolución.

Puede tomar años de sufrimiento para un ser humano normal el captar la esencia de una sola lección, y este proceso es raramente logrado conscientemente. Esta falta de comprensión consciente permite que los acontecimientos negativos resurjan una y otra vez. Con la integración consciente de una experiencia emocional, un par de horas, a veces incluso unos pocos minutos son suficientes para liberar la experiencia completa para ti. A veces la experiencia vuelve a surgir de nuevo más tarde, pero sólo para ser integrada en otro nivel, y de nuevo, sólo una pequeña cantidad de tiempo es necesario para transmutarla, en comparación con el proceso natural de la evolución. Algunas personas resuelven un evento kármico cada 10 años. La mayoría no pueden resolver más de unas cuantas lecciones en su vida. Los seres evolutivos pueden resolver estas experiencias «en bloques» de vez en cuando, cada vez haciendo su vida más fácil y más feliz.

Responsabilidad vs. Culpa

Si sientes que algo pesa en tu mente, se recomienda aplicar acciones físicamente responsables con el fin de resolver la situación física, siempre que sea posible. Habrá algunas cosas que estén demasiadas rotas para reparar, como un dañado, e insustituible objeto de valor. Si una solución es o no posible, aplica la Técnica de Transformación Consciente y comienza la Transmutación Emocional para permitirte sentir las emociones relacionadas con esta situación. Es necesario tomar conciencia de las emociones en el nivel del alma, con el fin de sacar todo lo relacionado con esta experiencia hasta la conciencia, incluyendo el drenaje de cualquiera de los incidentes que lo podría haber originado en el pasado. Utilizarás la Técnica de Evolución Consciente (la Transmutación Emocional es la piedra angular de este proceso) para resolver este problema al nivel del alma, donde se originó. El uso de esta técnica a nivel del alma, hará más fácil que puedas resolver los problemas en el nivel físico, si se requiere alguna acción. También te liberará de la emoción paralizante de la culpa.

La técnica KYO no está diseñada para hacerte que tomes ninguna responsabilidad por las cosas que le suceden a todos los demás. Es una técnica de responsabilidad-personal que se ocupa de la suma total de todo lo que experimentas. Si lo que estás experimentando toca a otras personas, entonces ellos también tienen que tomar la responsabilidad de su experiencia de esa situación. En cualquier caso, nunca hagas caso omiso de tu responsabilidad diciendo que "no es mi problema" si la experiencia es tuya.

La filosofía KYO no implica que "todo es mi culpa". El concepto de culpa y responsabilidad son dos cosas diferentes. El defecto es mantenido por un apego emocional con la culpa. La culpa es el resultado del auto-juicio del que te has estado negando a ser consciente. Cuando nos fijamos en los conceptos de defecto y culpa, vemos que el ego humano tiende a jugar a la víctima por lo sucedido y quiere hundirse en el auto-abusivo, la vergüenza de la auto-derrota de lo que hizo. Esto crea una guerra contra uno mismo, que se mantiene con el fin de evitar la percepción consciente. El conocimiento consciente en cada nivel es obligatorio para la evolución y la transformación personal.

Una persona responsable no sufre mucho tiempo por ninguna experiencia, porque él o ella se niega a vivir en un charco emocional, donde el ego está atrapado jugando juegos cegadores de negación. La responsabilidad está libre de culpa. Es una aceptación del proceso de manifestación de las experiencias que se originan a partir de un deseo en la parte de tu Espíritu para experimentar una lección de vida en particular, a través de los eventos disponibles en la actualidad de tus circunstancias. La responsabilidad requiere reconocer que todo sucede debido a una causa interna. Esta causa interna está dentro de ti esperando a ser descubierta. Cuando domines esta ley, serás capaz de manifestar conscientemente lo que desees, pero reconocer tu responsabilidad personal es un pre-requisito a la maestría. En cualquier situación que despierte una emoción o que provoque una reacción, lo primero que debes hacer es aceptar tu responsabilidad por la experiencia y tomar una respiración profunda para tomar conciencia de lo que está pasando dentro de ti (emoción, reacción, pensamiento). Tómate el tiempo para desarrollar esta técnica como un acto reflejo. Cuando una emoción aparece, conviérte el respirar en un reflejo automático con el fin de abrazar las experiencias y sentir la emoción. Las acciones que tomes a partir de ese momento serán más conscientes y más potentes en todos los niveles.

SHA

Forma de vida SHA

Hay una buena razón por la cual el paso anterior (TOH) es una contemplación de la humildad y la tolerancia. Estás bendecido con el libre albedrío, con el poder de actuar y llevar a cabo lo que quiera que desees. Sin embargo, nunca debes pensar que puedes dañar a otros con tu derecho a actuar. Pese a que no estés exento de la responsabilidad moral que acompaña a la decisión de actuar, y de la obligación de respetar a los demás, eres absolutamente libre de tomar tus propias decisiones en la vida. A medida que te vuelves más y más poderoso, sentirás esta auto-confianza en tus entrañas. No caigas en el hábito de compararte con los demás (viniéndote arriba al menospreciar a otros), o nunca desprecies a nadie.

Cualquier tipo de complejo de superioridad que tengas aumentará a medida que avanzas, es inevitable. Es una parte normal de este camino evolutivo que tus reflejos animales y del ego se revelen. No luches para reprimirlos; tampoco debes actuar en ellos. Toma tu complejo de superioridad en tu interior e intégralo emocionalmente. Tómate el tiempo para considerar por qué entraste en un estado mental y emocional de competencia, de comparación. Siente el animal natural y el sistema de defensa biológico que nos hace querer luchar, para entrar en competición con todos los que nos rodean para mayores y más grandes adquisiciones. Reconoce que ESTO es lo que impulsa este complejo de superioridad. Absórbelo.

También puedes experimentar una reacción reflejo que sale del temor de que si integras estas necesidades, puedes perder esta ventaja competitiva, este impulso por poder. Puede ser que incluso te digas a ti mismo "¡no quiero perder mi impulso por el poder!" No tengas ninguna preocupación. Si absorbes este complejo de superioridad, todavía serás impulsado a ser poderoso, pero lo vas a hacer conscientemente, y va a dejar de ser una carrera competitiva con los demás, basada en la suposición ignorante y tonta de que hay recursos limitados por los que debes competir. Dado que no existen límites con los recursos disponibles, (como lo descubriste en el Kuji RIN) puedes continuar liberando deseos competitivos, sin dejar de esforzarte conscientemente para convertirte en todo lo que eres capaz de hacer.

En cualquier momento que fuerzas a otra persona a hacer tu voluntad, estás violando su derecho a la libre voluntad. Nunca uses la fuerza o el poder para cambiar nada en la vida de otra persona. Utiliza tus habilidades para hacer tu propia vida mejor. Puedes orar por que una persona sane, puedes ayudar a los demás, puedes protegerte y proteger a aquellos que lo necesitan, pero a pesar de todo no puedes utilizar tu poder para confrontar o desafiar a otro ser humano. El poder de SHA está habilitado por la confianza / fe de RIN, haciéndote consciente de tu derecho a actuar y vivir.

SHA es confirmado por la conciencia de la responsabilidad personal que ganaste por KYO, ya que eres el que manifiesta lo que le sucede. Mediante la mejora de ti mismo, manifestarás resultados más deseables, resultados que son congruentes con tu verdadera voluntad. Al aceptar que tú manifiestas lo que sucede en tu vida, obtienes el poder de alterar conscientemente tu experiencia y aprendes a manifestar conscientemente.

Por lo tanto, SHA es asistido por la humildad que ganaste en tu práctica de TOH. A medida que aprendes a adaptarte a tu entorno, obtienes el poder de adaptar tu entorno a tu voluntad. La tolerancia ayuda a tu mente a liberar irritación, permitiéndote centrarte sólo en las cosas buenas, en los resultados positivos que deseas, fomentando así la manifestación de esas cosas buenas.

SHA te enseña que tienes el derecho a tener poder. SHA te ofrece la lección de que siempre eres libre de actuar. SHA, naturalmente, te devuelve los medios para existir enteramente, que se manifiesta físicamente en la sanación de tu cuerpo.

El poder de SHA no debe ser restringido. Debe ser permitido que fluya libremente dentro de ti. Puedes dirigir tu fuerza de voluntad con la energía de SHA, y puedes dirigirlo para lograr un propósito específico si lo deseas, pero en general, permite que la energía de SHA fluya armoniosamente dentro de ti. A medida que desarrollas el poder de SHA, nunca dejará de fluir y siempre irá naturalmente, donde tú lo necesitas.

La Técnica SHA

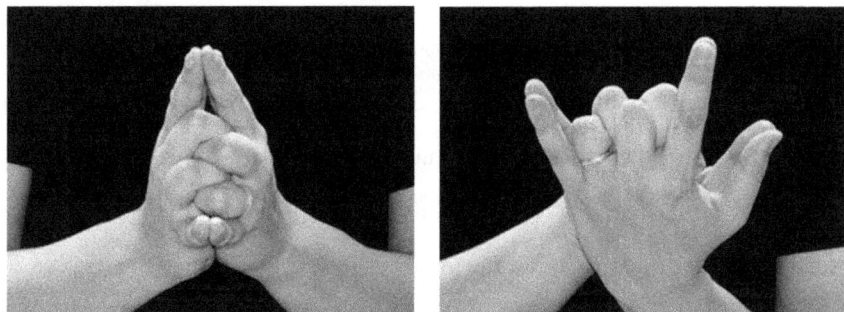

Extiende tus pulgares, los dedos índice y los dos dedos meñiques. Entrelaza tus dedos medio y los anulares dentro de tus manos.

Chakra: Plexo Solar

者

Mantra jp: On ha ya baï shi ra man ta ya sowaka

Mantra sk: Om haya vajramaantayaa swaha

SHA es el nivel en el que comienzas a hacerte cargo de este proceso. Es el paso previo a la expresión de tu poder interior, voluntad dirigida, acción intencional y la manifestación de tu verdadera voluntad. Es bien sabido que el primer fenómeno observado con el desarrollo de tu energía SHA, es la curación de tu cuerpo. Es un hecho que la energía activa en tu plexo solar inmediatamente comienza la regeneración de tu cuerpo. El reflejo natural del cuerpo, cuando se llena de Qi activo, será el de reconstruirse a sí mismo, para curar y prolongar tu tiempo de vida.

En primer lugar, ayuda a liberar los bloqueos de energía que pueden estar presentes en el abdomen y en los bordes de la caja torácica. Coloca tus manos con las palmas hacia abajo sobre tus rodillas. Inhala profundamente, llevando el aire al abdomen; sostén el aire durante 3-5 segundos, después exhala enérgicamente (AHHhhhhhh!) a través de la boca contrayendo todos tus músculos abdominales. Vacia tanto aire como sea posible, e inmediatamente suelta tus músculos del abdomen, pero mantén tus pulmones vacíos, no inhales todavía. Mientras que tu vientre está relajado y vacío (sin aire en él) permanece en este estado sin respiración mientras que metes el abdomen hacia arriba, hacia la caja torácica. Mantén todos tus intestinos y los órganos digestivos tirando hacia arriba, hacia la caja torácica. Mantenlo todo durante 1 segundo, libera la tensión en el abdomen, a continuación, tira inmediatamente de tu abdomen hacia arriba, hacia la caja torácica de nuevo durante 1 segundo; relaja los músculos, y luego tira de él de nuevo hasta un total de nueve veces (9) ráfagas de "1 segundo de retención y liberación", a continuación, respira normalmente de nuevo. Realiza esto de 3 a 9 veces antes de pasar a la siguiente técnica de Kuji-In.

A medida que trabajas con la técnica SHA de Kuji-In (usando el mudra y el mantra), céntrate en el hecho de que estás "a cargo"; de que tú tienes el poder activo, con todos los medios que necesitas para actuar sobre cualquier elección que tomes; tienes el derecho a vivir, el derecho a hacer lo que deseas, el derecho a experimentar la vida. A medida que te centras en estos conceptos, llena tu plexo solar con la energía de vida y la determinación en forma de energía bruta, la cual es una energía circulante y radiante que está brillando desde tu plexo solar. Pon a tope este poder, siéntelo en tus entrañas. Observa a tu cuerpo sanar y reconstruirse a medida que te centras en tu poder interior. Visualiza este reactor de fusión nuclear que se encuentra en el interior de tu cuerpo. Ve el sol poderoso del plexo solar.

No te centres en esta energía como cualquier tipo de poder comparativo. Nunca imagines ser "más poderoso que cualquier otra persona" ... Por el contrario, afírmate a ti mismo: "Soy poderoso". Puedes utilizar esta afirmación, "Soy poder, soy vida, y siempre llevo a cabo la acción correcta: Tengo el poder de actuar en mi vida, tengo la vida para actuar en el poder, y estoy actuando poderosamente en mi vida ". Siempre contempla tu poder sin estresar tu cuerpo. Considera períodos alternantes teatricamente, de práctica activa poderosa, junto con la práctica de meditación relajada. Muévete con tu poder. Expresa el mantra con poder y decisión. Contrae tus músculos con la frecuencia que desees, y vuelve a un estado de relajación de vez en cuando. El poder puede fluir a través de ti con armonía y paz. Completa la práctica con una respiración relajada, mientras te centras en la alegría.

Sanación

La capacidad de sanación la cual mejora SHA es la razón principal por la que la mayoría de la gente quiere aprender Kuji-In. Por lo tanto, ahora que eres capaz de acumular tu energía correctamente y almacenarla en tu batería, (y así tener una fuente adecuada de energía para la sanación), y que has aprendido cómo dirigir tu energía de acuerdo a tu voluntad, ahora estás listo para recibir el recurso de SHA para que puedas utilizar la técnica de SHA para sanarte a ti mismo o a otra persona.

La sanación es siempre un efecto secundario de la rectificación de las diversas partes de tu Ser en otros niveles de existencia. La auto-terapia y la integración emocional siempre serán una parte importante para ayudar al proceso de curación.

A medida que reúnes todos los componentes de esta técnica en tu mente y te preparas para comenzar a practicar SHA, debes centrar tu atención en comenzar el proceso de curación. Aunque la técnica SHA se ve reforzada por la alternancia entre aplicaciones suaves e intensas, éste debe seguir siendo un pensamiento de fondo, porque la curación eficaz requiere un enfoque singular sobre la paz y la armonía. Por lo tanto, la mejor manera de proceder es mantener tu contemplación interna centrada principalmente en la curación de tu cuerpo, manteniendo al mismo tiempo el hecho de que tu plexo solar está irradiando energía en forma de pensamiento en segundo plano.

El lenguaje pictórico gráfico habla a nuestro subconsciente. El siguiente ejercicio utiliza el simbolismo pictórico gráfico de una fruta que se ha dejado pudrir, en contraste con una fruta recién recogida, llena de vida y jugos. Visualiza las células dentro de tu cuerpo a medida que cambian de débil, podridas, células en descomposición, para rellenar, células ricas, llenas de vida, luz y con suministro constante de la cantidad perfecta de nutrientes e hidratación. Utiliza todos los sentidos para imaginar y centrarte en este proceso de restauración, (rápidamente dejando atrás la idea de cualquier célula en descomposición). Haz la imagen de tus células hermosas y vivas. Puedes colocar tu enfoque en todo tu cuerpo, o en un órgano en especial, dependiendo de tus necesidades. Cierra tu visualización con la certeza de que sólo hay ricas células sanas remanentes en tu cuerpo.

Tu cuerpo sabe mejor que tu mente la forma correcta que debe tener un órgano de tu cuerpo. Si buscas curar un órgano, no visualices el propio órgano, ya que puedes terminar manifestando un órgano con una forma inadecuada para tu cuerpo. Simplemente céntrate en la reconstrucción del órgano a nivel celular, y pide a tu cuerpo que sane. Si necesitas un corazón más fuerte y más saludable, puedes visualizar sin duda el órgano conceptualmente como sano y fuerte, con una visualización que sea lo más cercana al resultado deseado como lo puedes imaginar. Sin embargo, por favor abstente de adoptar una actitud de control sobre la forma final exacta; solo permite que tu cuerpo cumpla con tu deseo expresado y crear perfectamente un corazón sano y fuerte para ti que tenga la forma perfecta para tu cuerpo. Utiliza la afirmación: "Mi corazón está sano y fuerte; mi corazón es perfecto para mi cuerpo ".

Si necesitas reconstruir un hueso, por ejemplo, debes comparar tu visualización a una rama de árbol rota rectificándose a si misma. Enfoca tus pensamientos en la estructura ósea reformándose, en lugar de tratar de insistir en la forma exacta del producto finalizado. Seguramente no quieres acabar con un hueso deforme. Una vez más, puedes confiar en que tus huesos tienen el poder de rectificarse a sí mismos a nivel celular. Entonces todo lo que tienes que hacer es confiar en que tu cuerpo sabe exactamente cómo reformar los huesos para que se ajusten a tu cuerpo a la perfección. Por lo tanto, siempre te centras en el proceso de rectificación de hueso de forma general, más que en los detalles precisos. Utiliza la afirmación: "Mi estructura ósea es perfecta para mi cuerpo."

Se necesitará mucha práctica antes de que seas capaz de sanar por tu voluntad. Sin embargo, a pesar de que requiere tiempo desarrollar esta capacidad al nivel de maestría, las recompensas son excelentes para el practicante diligente y perseverante. Después de que tienes suficiente experiencia en la regeneración de tu propio cuerpo, serás capaz de enfocar este proceso de sanación en los demás, con el fin de ayudarles a sanar. De esta manera puedes ayudar a su proceso de sanación natural, tal como lo haces cuando trabajas la técnica de SHA en ti mismo.

Es importante que entiendas que la técnica de SHA siempre funciona mucho mejor si la persona en cuestión en realidad quiere ser sanado. Puedes pensar que este es un concepto extraño, pero sucede que algunas personas quieren experimentar el estar enfermo durante un tiempo. Otros podrían tratar de estar enfermos porque se sienten culpables por pedir ser amados a no ser que estén enfermos. Hay muchas razones para estas elecciones, aunque te parezcan extrañas. La mayor parte de ustedes deben entender que es difícil, si no imposible, luchar contra la voluntad de una persona que manifiesta la enfermedad en su cuerpo para que puedan jugar el papel de la víctima con el fin de conseguir atención. Cuando alguien se enferma, siempre hay una razón no aparente para su elección de manifestar la enfermedad. En cualquier caso, es sabio entender estos principios, si quieres ayudar a la gente a sanar. También es importante (de hecho, es crucial para tu propio instinto de conservación) que te niegues a sobrecargarte a ti mismo con la responsabilidad de la sanación de todo el mundo. Recuerda que eres responsable primero de tu propio bienestar y autoconservación. Si destruyes tu vida tratando de ayudar a los demás, no estarás ahí para nadie. NO te promuevas como un sanador. Cuida de ti mismo antes de intentar ayudar a alguien.

KAI

Modo de Vida KAI

El nivel de KAI se asocia con el chakra del Corazón. Se dice que la capacidad que se desarrolla con este Kuji es la intuición. De hecho, la intuición es un efecto secundario natural de la comprensión más profunda de la sabiduría por debajo de la intuición, que es la compasión.

Dios nos creó para experimentar la vida. Tu vida es una manifestación de Dios. Dios experimenta la vida a través de ti. Todo lo que sucede en tu vida es una bendición de la honorable conciencia que eres.

A nivel emocional, el chakra del corazón es a la vez un órgano de percepción y un órgano emisor. Percibe las experiencias de la vida y transmite opiniones sobre esas experiencias. Estas opiniones son generalmente llamadas "juicios". El corazón nos dice lo que está bien y lo que está mal; estas percepciones son parte del proceso que condiciona nuestro ego humano.

KAI es la técnica de Kuji-In para el perfeccionamiento de tu experiencia de Amor. Este Amor no es sólo el amor intercambiado por compañeros, pero sí todo-el poderoso Amor incondicional de ti mismo y de los otros. Al mirarte a ti mismo, céntrate en la aceptación de todo lo que eres, en cualquier estado o condición que actualmente te encuentres. Esto no quiere decir que rehuses a tratar de mejorarte, pero sería cruel esperar hasta que seas perfecto antes de aceptar todo lo que eres. Si esperas a la perfección antes de empezar a amarte a ti mismo, vas a esperar por siempre, porque amarte a ti mismo *como eres en este momento* es una herramienta necesaria para el logro de la perfección.

KAI es el camino de la aceptación, el amor y la compasión. Mediante la aceptación de ti mismo y todo lo que eres, la aceptación de los demás tal como son, al aceptar todo lo que sucede, estás abriendo el camino para una mayor experiencia de compasión. La compasión de KAI te ofrece una manera de mirar los acontecimientos dolorosos, con los ojos para ver la lección que la experiencia está tratando de enseñarte. Esto es posible cuando comprendes que hay un Espíritu amoroso, cuyo objetivo es tu evolución personal y tu felicidad; este Espíritu está enterrado debajo de esas máscaras humanas de terror y dolor, y escondido en lo profundo de las experiencias frustrantes y desafiantes de la vida que has estado teniendo.

En cuanto al mal: Nunca busques dolor, nunca inflinjas dolor a otros, y nunca trabajes para crear más dolor. Sin embargo, debes entender que el dolor viene con experiencias transformadoras necesarias e importantes. Enteramente empleamos demasiada energía mental y emocional tratando de alejar las experiencias dolorosas, o deseando nunca haber tenido experiencias dolorosas. Cuando experimentes dolor, no malgastes ninguna energía negando que está ahí. Inmediatamente acepta el hecho que estás teniendo una experiencia dolorosa y ponte directamente a trabajar para resolver la situación. Aceptar la existencia del dolor no significa que le tengamos que permitir al dolor seguir haciéndonos daño. Simplemente indica que debemos de reconocer el hecho de que algo duele, y poner todos los recursos disponibles para resolver la situación dolorosa con acciones virtuosas. 64 Cuando más pronto nos salimos de los juegos humanos de victimización y de auto-persecución, más rápido podemos alcanzar la raíz de lo que nos está molestando y empezar a resolver el problema. Nuestro ego humano tiende a amplificar los sentimientos de dolor, esperando atraer la atención y la compasión de los demás. Por favor, desarrolla suficiente compasión para ti mismo con el fin de liberar la presión del dolor en el nivel emocional. Cuando una experiencia dolorosa no puede ser resuelta o los hechos de la situación no pueden ser cambiados (como cuando alguien irremplazable rompe, o cuando alguien que amamos muere), somos animados a aceptarlo y a mirarlo con compasión de manera que podamos elevar nuestra percepción de la vida con Amor. Todo sucede por una razón; esto es especialmente verdad cuando somos conscientes de que somos responsables de nuestras propias experiencias. 65

En cualquier caso, toma el tiempo para abrazar cada experiencia que tienes con Amor y compasión. Ponte en contacto con tus emociones; en lugar de tener miedo al dolor, saboréalo en tu interior. Respíralo. Permanece consciente y en conocimiento de tu experiencia. Cuando alguien te toca gentilmente, conscientemente siéntelo físicamente y emocionalmente. Cuando eres tocado agresivamente, haz lo mismo. Cuando eres el objeto de la opinión de otros, tanto si te dicen lo bueno o lo malo que eres, abraza la opinión sin juicio, pero sí con compasión. Sólo hay experiencia, y es siempre una experiencia perfecta.

La Técnica KAI

Entrelaza todos tus dedos, con la yema de cada dedo presionando en la raíz del dedo de enfrente.

Chakra: Corazón

皆

Mantra jp: On no-o ma ku san man da ba sa ra dan kan

Mantra sk: Om namah samanta vajranam ham

El chakra Corazón es el órgano perceptivo y emisor del alma. Al unir tus manos en el mudra KAI, al tú cantar la oración de KAI, recuerda que estás honrando a tu consciencia, a tu espíritu, al nivel de la consciencia de Buda o de Cristo. Ponte en una actitud de gratitud por todo lo que sucede. Sin importar si tu experiencia es buena o mala, agradable o no, no importa, sólo céntrate en las cosas buenas que te suceden, sin importar cuáles.

Siente que tu corazón es un órgano luminoso perceptivo redondo vibrando con Amor. No le des una forma específica; deja que se revele él mismo a ti, ya que la forma es sutil y no tan importante como el estado de mente en el que te pones. Focalízate en la gratitud y en la felicidad. Mira a la vibración de tu corazón amoroso irradiar delante de ti y detrás de ti desde tu espalda, mientras tu chakra corazón brilla con Amor.

Todo lo que percibes es Amor, los únicos comentarios que emites son Amor. Al inhalar, céntrate en tu gratitud por todo lo que tienes, por todo lo que te sucede. Mientras oras, estás honrando la grandeza de tu experiencia, el sabor de todas las cosas que puedes saborear como humano y como Espíritu.

Esta técnica condiciona tu corazón y tu mente a pensar desde el lugar del Amor de manera que naturalmente desarrollarás compasión. Elevará tu percepción de la vida y te ayudará en la manifestación de experiencias de disfrute, mientras aceptas lo que quiera que suceda. Otro efecto secundario es que tu intuición se hará de forma natural más obvia. Serás más sensible a los eventos de la vida a medida que te condicionas a aceptar lo que quiera que suceda sin juicio. El único juicio que puedes aplicar a tus experiencias es "Te amo", y la mayoría de las veces, el "TE" eres tú mismo.

Meditación Kuji-In

Con Kuji-In, deseamos alcanzar un estado de trascendencia, para permitir que nuestra conciencia vaya al plano de la existencia de donde procede y permanecer allí por un tiempo. Cuando se completa este proceso, nuestra conciencia vuelve a nosotros con luz espiritual y "nueva información" específicamente para nosotros. En la meditación tendemos a perder la conciencia de lo que realmente sucede cuando se trasciende. Por lo tanto, cuando estamos llevando a cabo las técnicas de Kuji-In, usamos una técnica física y mental especial para mantener nuestra conciencia del plano físico, al mismo tiempo que permite a nuestra conciencia lograr el estado de trascendencia. Comenzar a practicar trascender en la meditación simple, y luego practicar el permanecer consciente mientras trasciendes. Esta capacidad para mantenerse consciente se fomenta mediante la realización de una combinación de movimientos físicos y movimientos de energía antes de la meditación o de la práctica de Kuji-In.

Antes de hacer una ténica inmóvil (o casi inmóvil) como Kuji-In, puedes comenzar una serie con unas técnicas de movimiento de Qi-Gong para conseguir poner energía en movimiento, para estirar tu cuerpo, para despertar tu espíritu, y para activar tu respiración y el flujo de la sangre. Este ejercicio de Qi-Gong te ayudará a realizar las técnicas inmóviles durante más tiempo y con mayor eficiencia. Puedes realizar la danza del dragón, o Qi-Gong Chino Medicinal justo antes de sentarte a meditar o de comenzar tu práctica de Kuji-In. Es importante permanecer despierto mientras meditas, y este ejercicio te ayudará para que no te duermas durante tu periodo de práctica. Cuando logras el estado de trascendencia, tu conciencia puede entrar y salir, pero no estás durmiendo. Vas a entender la diferencia con la práctica.

Algunas veces, es recomendado que practiques las técnicas de Kuji-In en una forma meditativa, en lugar del usual estilo activo-invocativo. Para usar el Kuji-In meditativamente, siéntate y cruza tus piernas, tanto en forma de loto completo, medio loto, o con tu tobillo derecho sobre el izquierdo. Usa una silla *sólo* si comprometiera tu comodidad. Mantén tu columna derecha sin poner esfuerzo consciente en la tarea. Permite que tu cabeza se incline hacia delante un poco, pero no que caiga completamente hacia delante sobre tu pecho. Practica todos los pasos de Kuji-In hasta alcanzar el que estés actualmente trabajando (el que estás actualmente aprendiendo), permite que el mantra se convierta en muy repetitivo, entonces lentamente cambia a una repetición silenciosa mental. Y mantén tu visualización sin esfuerzo mientras respiras naturalmente, deja que tus ojos se cierren un poco, y sólo relájate en la técnica. Tus manos deben de estar bajas de manera que descansen sobre tus piernas; tu atención puede ser cambiada al chakra asociado, y puedes permitirte dirigir tu mirada hacia tu interior, hacia tu Espíritu.

Reduce cada aspecto de la técnica hasta que todas las partes de ella (mudra, mantra, mandala, y chakra) sean sólo susurrados en tu interior, para mantener un poco de luz en tu mente mientras te dejas ir a un estado de trascendencia. Con el tiempo, sólo permanecerá el mantra, lenta y suavemente repetido en tu mente.

Permanece en este estado muy calmado durante al menos quince minutos. Tu mente será molestada con pequeñas interrupciones las primeras pocas veces. Este es un proceso esencial por el que tu mente tiene que pasar. Es una especie de limpieza de tus pensamientos residuales. Permite que todos tus pensamientos deambulen, que vayan como quieran, no les fuerces a permanecer inmóviles, pero no les animes tampoco. Cuando te des cuenta que vuelves a estar a la deriva hacia algún proceso de pensamiento, gentilmente vuelve a la técnica de Kuji-In. Tu cuerpo físico también podría querer expresarse a través del movimiento. El circuito de energía no usado para la meditación producirá inesperados picores, cosquillas, y quizás incluso pequeños calambres en tus músculos. Atiende estas molestias físicas SOLO si tu comodidad está realmente comprometida. Cada vez que tienes una reacción física en la meditación, significa que la energía está funcionando en ti y es una buena señal. Deja que la energía trabaje para reducir el ruido de tu circuitería mientras continúas con tu atención en la meditación.

Cuando estés acostumbrado a hacer 15 minutos de meditación diariamente, extiende tu tiempo de práctica a 20, luego a 25, luego a 30 minutos. La meditación entrenará a tu mente para reducir el parloteo y el ruido extraño, te ayudará a dejar ir. Esto permitirá a tu cuerpo convertirse en un recipiente adecuado para que el Espíritu interactúe con él. La técnica enseña a tu aspecto humano a aceptar tu aspecto espiritual de modo que todas tus técnicas lleguen a ser mucho más eficientes. Mientras mantengas el conocimiento de tu existencia humana, tu conciencia pronto se ampliará para incluir tu existencia espiritual.

JIN

Modo de Vida JIN

Jin tiene que ver con el desarrollo de un conocimiento perfecto de sí mismo. Su poder es accedido por nuestra capacidad de escuchar y hablar perfectamente. Como efecto secundario de esa capacidad de escuchar y hablar perfectamente, es posible que desarrolles la capacidad psíquica de la telepatía. JIN requiere escuchar a todos los niveles, y la capacidad de hablar desde todos los niveles. Es un proceso de larga duración el desarrollar esta capacidad, pero sentirás de inmediato la mejora en tu vida en el momento en que empiezas a prestar atención, a la actitud de JIN en tu comportamiento cotidiano. El modo de vida JIN es el que toma más tiempo para desarrollarse de todas las técnicas de Kuji-In y es el que produce los resultados más potentes. Te ofrece un acceso a niveles superiores de conciencia, así como la capacidad de transformar tu experiencia humana en algo mayor. Comprende todo lo que has aprendido hasta ahora, con experiencia en el ámbito de la audición y el habla.

Perfecciona tu capacidad de escuchar. El primer obstáculo para la verdadera escucha es nuestra necesidad de compararnos con los demás, para establecernos como superiores. Todo el mundo tiene este complejo de superioridad; es genético; hemos nacido de esta manera.

No te molestes tratando de discutir, "yo no soy así", porque eres así, y descubrirás cómo esto es cierto en las siguientes líneas: Nuestras mentes están condicionadas para creer que tenemos la verdad, y que nuestra concepción actual de la verdad es lo mejor para nosotros en este momento, que a menudo nos lleva a degradar cualquier conocimiento que no encaja en nuestro pre-establecido esquema de creencias y procesos de pensamiento. Casi cada vez que dices "ya sé eso", has cortado tu capacidad para aprender algo más, mediante el bloqueo de forma natural de todo lo que podría haber sido nuevo para ti, (ya que estás seguro de que ya lo sabes todo).

Se recomienda que estés disponible a nueva información. Esto no significa que tengas que aceptar automáticamente lo que oyes como verdad para ti, pero sin la capacidad de estar abierto a nuevas ideas, estás determinado a bloquear cualquier cosa que pueda ayudar a que avances. Si deduces que algún conocimiento específico no se aplica para ti, o no te sirve en este momento, tendrás un montón de tiempo después para descartarlo. En el momento en que estás escuchando a otra persona, permanece disponible al conocimiento que están tratando de transmitir.

Al igual que con el modo de pensar de RIN, confía en ti mismo y baja la guardia. Respeta todos los conocimientos que se hablen cada vez que se hablen, desde cualquier nivel del que se hable, no importa quién se dirija a ti. Presta atención a tu forma de escuchar, y crece a partir de ahí. Escucha a los que te dicen cosas estúpidas; escucha a los que te dicen que eres una buena persona; escucha a todos y todo, y confía en ti mismo en que, al final, todo saldrá bien.

Al igual que con el modo de penssar de KYO, eres responsable de lo que eres. Desarrolla tu discernimiento, un sentido de buen juicio que te permitirá adquirir sólo el conocimiento que es mejor para ti. Si alguien te dice que eres estúpido, antes de descartar ese conocimiento, busca dentro de ti para ver si hay un lugar donde eres estúpido. Si haces bien tu trabajo, sin duda vas a encontrar un lugar como este. Admitiendo que hay un lugar así, a ti mismo, no vas a reaccionar a este conocimiento; estarás en la aceptación de lo que eres. Al estar fuera de la información, la comunicación puede continuar de manera tal, que resuelva lo que quiera que provocó el comentario.

Otra parte importante de la mentalidad de KYO es también admitir a ti mismo que eres una buena persona cuando alguien dice eso. Es importante aceptar ambas, felicitaciones y quejas. Eres el único responsable de procesar el conocimiento y que depende de ti hacer lo mejor de ello.

Al igual que con el modo de pensar de TOH , desarrolla tolerancia a lo que se escucha, escucha con cuidado y baja tus defensas. No te apresures a responder, reaccionar, defender y confrontar. Cuando sea tu turno de hablar, habla. Cuando sea tu turno de escuchar, siendo receptivo y acepta todo lo que se dice. Aceptando que lo que se dice no es una admisión o una aprobación de lo que te dicen. La aceptación te permite reconocer lo que se dice, en el nivel desde el que se dice, y no implica que debas ser o creer lo que te dicen.

Al igual que con el modo de pensar SHA, crees, sabes y entiendes que el conocimiento es poder. No intentes controlar el intercambio de conocimientos hasta que sea tu turno para definir el intercambio de conocimientos. El conocimiento por lo general fluirá de manera natural en cualquier dirección que deba, y cuando observes que el conocimiento conduce a ninguna parte, o se vuelve demasiado provocativo, asume la plena responsabilidad, y manifesta un retorno a la comunicación pacífica.

Como aprendiste en la mentalidad de KAI, no juzgues lo que escuches. Practica tener un oído compasivo, y escuchar con amor. Si la información está dirigida a ti, acepta esta nueva experiencia. Trata de evitar el percibir sólo dolor, donde parece que hay dolor. Entiende que el dolor es sólo doloroso en el nivel en el que se percibe; sabes que es doloroso en ese nivel, admite que es doloroso, a continuación, céntrate en la experiencia en sí misma sin juicio.

¡Eso son un montón de cosas para recordar en el arte de perfeccionar tus habilidades de escucha! Vamos a pasar al arte de perfeccionar tu discurso.

Cuando practicaste RIN, aprendiste a adoptar la actitud de confiar en tu derecho a hablar, así como tu capacidad de hablar. ¡Nunca te rindas! Tienes el derecho a expresarte, pero no implica que debas tener la razón en todo a cualquier precio. Esto no implica que debas luchar hasta que tu visión de la información sea asimilada por todos; ellos tienen el derecho a sus propias opiniones también. Simplemente significa que tus palabras dichas tienen un valor, al menos para ti mismo y tu divinidad. Dicho esto, no pierdas tu precioso discurso cuando no está siendo recibido. Confía en ti mismo; antes que nada, confía en ti mismo.

Como aprendiste en tus estudios de la forma de pensar de KYO, asume la responsabilidad de lo que dices. Nunca mientas por acción u omisión; Nunca seas engañoso. Para mentir en cualquiera de sus formas es condicionar tu mente para creer que lo que dices es falso y no debe ser manifestado Este es un hábito muy pobre en el que entrar, si esperas entrenar tu mente para manifestar lo que deseas. Por lo tanto, siempre habla con la verdad, por lo que tu mente está condicionada a confiar que lo que dices es cierto. Con el tiempo, a medida que desarrollas tus poderes de manifestación, vas a decir algo y se convertirá en verdad y se manifiesta, si no es ya verdad. Sin embargo, antes de que puedas manifestar lo que dices, debes establecer esta relación de confianza con tu mente, al decir la verdad. Si dices algo que implica que debes a alguien un servicio, actúa en consecuencia y presta los servicios, o afirma tu incompetencia e informa a las personas interesadas que el servicio no se brindará. Nunca te permitas hacer una promesa que no cumplas de acuerdo a tu palabra dicha. Di "Te Amo" sólo si es cierto, pero no te evites decirlo si tal es realmente el caso. (Nota: No tengas prisa para destruir tu vida, o tus posibilidades de felicidad.)

Como aprendiste con la mentalidadde TOH, se humilde en la elección de tus palabras. La humildad no significa que tengas que sufrir en silencio. La mayoría de la gente confunde la humildad con la vergüenza o la sumisión a alguien que está ejerciendo el control dominante. Humildad significa que eres para permanecer en la verdad. Si algo debe de ser dicho, entonces debe de ser dicho, y si hay algo que no debe decirse, entonces no debe ser hablado. Parte de la información responde a un propósito más alto cuando se retiene y otra información es más útil cuando se intercambia. Para llegar a ser Sabio, hay que desarrollar un gran discernimiento, especialmente en la elección de las palabras, y si hablamos de ellas o no.

Como aprendiste con la mentalidad de SHA, siempre exprésate de una manera que te conduzca a la realización de tu objetivo. Se poderoso en tu discurso. Tus palabras pueden ser poderosas al ser susurradas en los oídos de un amante, o gritadas a los jugadores en el campo de juego (para alentar, no desalentar), o elegantemente recitadas en un escenario, o pedagógicamente pronunciadas desde el estrado en una conferencia a un estudiante. En todos los casos, tus palabras han de ser claras y siempre deben representar lo que deseas expresar. Practica el uso de palabras, ya que están destinadas a ser utilizadas; considera cuidadosamente sus significados y elige sabiamente. No te escondas detrás del sarcasmo, mentiras, manipulaciones, o argumentos polémicos. Permite que tus palabras expresen la energía generada a través de tu discurso.

Como aprendiste con el modo de pensar de KAI, habla palabras de compasión y amor. No emitas juicios y críticas destructivas. Usa tu voz para expresar iluminación y para llevar la luz a ti mismo. Di cosas bonitas, y si esto no es posible en determinados momentos, por lo menos di la verdad. No degrades o disminuyas el valor de cualquiera, de cualquier cosa, o ninguna experiencia. Si algo no te sirve, hay siempre una buena elección de palabras que servirán para rectificar tu experiencia. Si no hay manera de cambiar lo que estás experimentando, es inútil presumir o quejarse si no es para hacer auto-terapia; la auto-terapia siempre debe hacerte una persona mejor, en tu corazón. Exprésate cuando estés en el dolor, di la verdad en el nivel en que la percibas, pero no animes al ego a jugar el juego de la víctima y no amplifiques cualquier situación con tus palabras. Siempre que sea posible, di palabras felices, chistes, acompañados con una sonrisa, y define tu vida como una vida amorosa feliz. La vida está hecha para ser disfrutada.

La Técnica JIN

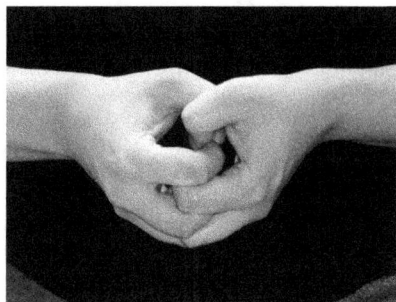

Entrelaza todos tus dedos, con las yemas en el interior, cada una de ellas tocando la yema del dedo del equivalente del dedo de la otra mano, si es posible.

Chakra: Garganta

陣

Mantra jp: On aga na ya in ma ya sowaka

Mantra sk: Om agnayaa yanmayaa swaha

Practica la técnica JIN de Kuji-In en su forma invocadora, y escucha las palabras a medida que las pronuncias. Escucha la vibración física de las palabras. Observa que estás hablando y escuchandote al mismo tiempo. Esta es la parte obvia y sencilla. Después de unas pocas repeticiones de prestar atención a las palabras actuales, empieza a escuchar más de un nivel al mismo tiempo. Escucha al nivel físico de la vibración, y presta atención al nivel de energía de las palabras, la existencia etérea de las palabras que estás enunciando. Presta atención tanto a nivel físico y energético del mantra enunciado a medida que lo repites. Imagínate que los estás enunciando en ambos niveles. Usando tu visualización, imagina que hay muchos estratos de vibraciones en capas, uno sobre el otro, uno dentro del otro, a nivel físico y energético.

Habla simultáneamente en ambos niveles de vibración, y luego escúchate en estos dos niveles.

Cuando realmente sientes que estás hablando y escuchando a nivel energético, imagina una tercera capa de la vibración del sonido en tu mente sin definir el nivel específico donde existe; sólo sabes que está a un nivel aún más alto de vibración de los niveles en los que te has centrado anteriormente. Una vez que sientes que, has imaginado ese nivel, continúa imaginando más y más capas de sonido, uno sobre el otro, uno dentro del otro, sin tratar de controlar la experiencia. Permite que tu experiencia te dirija. Haz vibrar el mantra en muchos niveles de vibración, y escucha a los muchos niveles de vibración. En un primer momento, la parte más importante era escuchar a los niveles físicos y energéticos, aunque no pareciera realmente funcionar para ti. A continuación, debes practicar dejar ir tu control sobre la experiencia y centrarte en la conexión de varios niveles con las vibraciones sonoras.

Retsu

Modo de vida Retsu

Mientras estás adquiriendo conocimiento espiritual sobre ti mismo, puedes empezar a percibir que estás hecho de diferentes aspectos de la misma cosa, (diferentes niveles de tu existencia como una entidad humana y espiritual). Esta conciencia es causada por la técnica de Jin y la activación del chakra de la garganta. Ahora que estás tomando conciencia de estas realidades, es posible que desees tener acceso a ellos, para penetrar en los diferentes niveles de conciencia, y las múltiples dimensiones espacio-tiempo que componen el Universo, cada uno existiendo en su propia frecuencia. Retsu abre el portal que se encuentra en la base de tu cráneo. Se encuentra dentro del hueso puntiagudo en la parte posterior de la cabeza. Se llama la "Puerta de Jade". A través de este portal, es posible que tomes conciencia de las realidades espirituales y de las fuerzas detrás de todos los movimientos. Es la puerta entre la física cuántica y la alquimia.

Digamos que estás escuchando una canción nueva, una que nunca has oído antes, y realmente te gusta. Tu actitud está centrada en la nueva canción; tal vez estás atrapado en tu entusiasmo por la canción, y no te gustaría ser molestado por otros sonidos a tu alrededor. Estás disfrutando el éxtasis de descubrir algo nuevo. Este estado de "disponibilidad" es bendecido, desde que estás prestando atención con alegría a un nuevo sentimiento, algo que no habías experimentado previamente. Una vez que escuchas la canción un par de veces, puedes empezar a cantar junto con ella, porque estás realmente disfrutando de la canción, sin embargo, al mismo tiempo, pronto descubrirás que tu canto obstaculiza este estado de "disponibilidad". Tan pronto como comenzaste a cantar te convertiste en activo, participando en el evento, y por lo tanto controlándolo. Cuando estés activo y en control, ya no estás prestando atención a la canción original. Obviamente, cuando estás escuchando una canción grabada, es algo que se encuentra en un patrón específico y permanente, no cambiará, (la canción se repetirá una y otra vez de la misma manera). Sin embargo, ¿cómo sería para ti si la canción cambiara cada vez que la escuchas?. ¿Y si se altera con el tiempo, produciendo nuevos sentimientos en ti, sin cesar dando como resultado nuevos descubrimientos? Si tal fuera el caso, no cantarías sobre la canción. Te mantendrías escuchando y prestando atención.

Estoy señalando a un estado específico de la mente que nos permite estar siempre abiertos a nuevos descubrimientos, y, desde ese estado, descubrir lo que está ante nosotros: El cambio, la evolución, un mundo siempre fresco, con experiencia en la alegría. Cuando éramos niños, estábamos casi permanentemente en este estado de ánimo, absortos con entusiasmo en cada descubrimiento. Si no había descubrimientos a mano, estábamos llenos de esperanza que uno pronto apareciera en nuestro camino. Esta alegría, esta capacidad de asombrarse de cada pequeña cosa, este entusiasmo, es una parte necesaria de nuestra actitud espiritual. ¿Estás sinceramente sorprendido por las maravillas de la creación, cuando te fijas en la esquina de la mesa del comedor? ¿Estás mudo de asombro ante el milagro de tu alfombra maravillosa plástica de falso césped? Te estoy animando a descubrir esta capacidad de estar impresionado por todas esas cosas que damos por sentado. De vez en cuando, sumérgete en algo mundano. Por ejemplo, mira la pizca de algo hecho de madera; intencionalmente asombrado de cómo llegó a ser tan hermoso; cede y sobre-conceptualiza sobre el flujo de Una Fuerza de Vida que lo creó.

Usando esta actitud alegre de descubrimiento, presta atención a los diferentes planos de la existencia, al reflujo y al flujo de energía a tu alrededor, así como a tus propios movimientos físicos. Trata de ver esas dimensiones del espacio-tiempo que has estado ignorando. Es probable que te tome un tiempo para empezar a discernirlos, pero ese no es el objetivo. El objetivo es simplemente ser capaz de ser tocado por la creación de Dios, por lo tanto aceptar que hay realidades de las que aún no eres consciente ; de este modo liberando así el control que mantienes constantemente sobre tus sentidos perceptivos. Este ejercicio finalmente hará posible que puedas discernir los diversos niveles de conciencia y planos de existencia. Hay un tiempo para escuchar, un tiempo para hablar y un tiempo para la acción. Por ahora, simplemente escucha sin hablar, mira sin anticipar la siguiente imagen, siente sin moverte, y simplemente presta atención al flujo de la creación, con alegría.

Una vez que la puerta (tu Puerta Jade) se abre, las dimensiones del espacio-tiempo físico y espiritual se revelarán a ti. Las leyes de creación y manifestación se darán a conocer a sí mismas ante tus ojos. No tendrás que trabajar duro en ello; vas simplemente a prestar atención, a cualquier cosa nueva disponible que entra en tu campo de conciencia.

Técnica Retsu

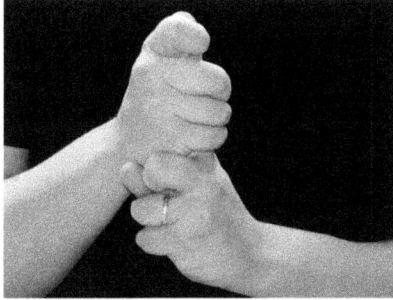

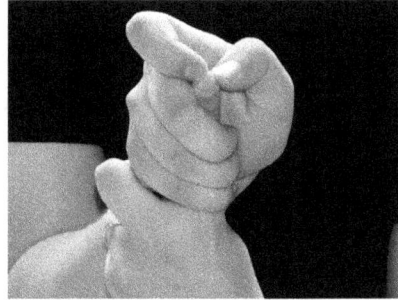

Apunta hacia arriba con tu dedo índice izquierdo. Envuelve tus dedos de tu mano derecha alrededor de tu dedo índice izquierdo. Coloca la punta de tu dedo pulgar derecho y el dedo índice en contacto con la punta de tu dedo índice izquierdo. Los dedos de tu mano izquierda se reúnen en un puño.

Chakra: Puerta Jade, en la parte posterior de la cabeza   列

Mantra jp: On hi ro ta ki sha no ga ji ba tai sowaka

Mantra sk: Om jyotihi chandoga jiva tay swaha

Mientras Retsu parece ser la más simple de todas las técnicas, es la que nuestro ego humano combate al máximo desde el principio. Si persistes, tu ego pronto cede, colaborando contigo en tu camino para la asimilación de nuevos descubrimientos.

Realiza la técnica ritual de Retsu en Kuji-In. Durante el primer paso, no visualices nada, simplemente céntrate en las áreas designadas. Durante los primeros 3 - 9 mantras, presta atención a la Puerta Jade, en la base de tu cráneo. Durante los siguientes 3 - 9 mantras, mantén tu enfoque en la Puerta Jade, colocando al mismo tiempo algo de tu atención en la mitad de la espalda, entre tus omóplatos, en la parte posterior del chakra corazón. Durante los próximos 3 - 9 mantras, céntrate en las 3 zonas, prestando atención a la Puerta Jade, el área en la parte posterior de tu chakra corazón, y tu chakra base. A continuación, toma algunas respiraciones profundas silenciosas mientras que mantienes tu foco en las tres (3) zonas.

Por último, deja ir todas las visualizaciones, olvídate de todo. Realiza la práctica ritual sin ningún tipo de visualización, sin contar ... simplemente presta atención. No analices, no visualices, no te centres, no tomes el mando, déjate ir. Presta atención a aquellas dimensiones que normalmente no percibes, a pesar de que no puedas imaginar como podrían ser. No las imagines; no las inventes, simplemente presta atención. No fuerces los puntos focales anteriores para cerrar o abrir, para disminuir o aumentar, simplemente permite que todo ocurra como quiera que sea. No te enfades por la reacción de tu cuerpo, ni luches contra las imágenes que aparecen en tu cabeza, simplemente deja ir todo.

Esta técnica produce resultados cada vez, pero no vas a ver esos resultados durante bastante tiempo.

ZAI

Modo de vida ZAI

ZAI es el camino que conduce más allá de la ilusión, te lleva detrás del velo, revelando el proceso de creación desde la cual la experiencia de nuestras vidas humanas, inevitablemente se desarrolla. Es desde detrás del velo que las fuerzas creativas del Universo bailan juntas, uniendo para manifestar los verdaderos deseos que tenemos en el más alto nivel de conciencia, (desde el punto de vista de nuestro Espíritu). Es ese lugar en nuestra conciencia donde controlamos lo que nos pasa a nosotros, tanto si somos conscientes de ello o no.

La mayoría de nosotros pasamos toda la vida sujetos a la Ley Kármica, ignorantemente viviendo bajo la regla que produce beneficios impactantes por nuestras acciones negativas; es conforme a esta regla que continuamente experimentamos las consecuencias de nuestras acciones previas; y es por nuestras reacciones a aquellas acciones que mantenemos la rueda kármica girando. Desde este punto de vista humano de nuestra existencia, creemos que lo que deseamos, desde nuestro papel personal e individual como seres humanos es lo que realmente deseamos a todos los niveles de nuestro ser. Este error ignora el nivel del Espíritu, que es en última instancia, la fuerza orientadora de nuestra vida, y a la que estamos sujetos. En otras palabras, dicho sencillamente, es nuestro espíritu el que nos "juzga" y el que reúne nuestro Karma para que podamos evolucionar. Nuestros deseos humanos están sujetos, y limitados por las leyes de la naturaleza, el instinto de supervivencia, las normas de comportamiento de los animales. El Espíritu no está limitado de esta manera y puede ver el Gran Diseño. Sin embargo, no debemos despreciar nuestras propias necesidades y deseos. Todo lo que deseamos como ser *humano sigue siendo bueno para nosotros*, ya que sirve a nuestra experiencia humana actual. Debemos aceptanos a nosotros mismos como si estuviéramos en nuestra condición real de que vamos a adquirir un mayor nivel de comprensión de nuestra existencia. Al comprender la posición del ser hacia el Espíritu, y aceptando el papel de cada uno, es posible evolucionar. Dicho esto, para los estudiantes en un camino espiritual, es importante prestar más atención a nuestra existencia espiritual.

Lo que buscamos en el camino de ZAI es tomar conciencia del acto de creación que usamos constantemente (en el nivel Espiritual) en el libre albedrío total. Con absoluto libre albedrío, podemos manifestar todo lo que realmente deseamos, simplemente deseándolo al nivel del Espíritu. Con libre albedrío, somos libres, y nuestra voluntad se convierte en realidad. Los elementos creativos del Universo, naturalmente, se aglomeran en torno a los deseos de un espíritu despierto; esto hace que los deseos se hagan más densos y más materiales hasta que llegan a estar disponibles a la experiencia humana (manifestar como la realidad).

Por desgracia, nuestro libre albedrío está generalmente enterrado bajo el peso de nuestra necesidad egoísta de controlar todo. Debemos aceptar este hecho si hemos de elevarnos más allá de ello; no debemos de utilizar esto como una razón para permanecer limitados por nuestros comportamientos humanos. Tenemos que ser valientes, hacer frente a lo desconocido y tomar conciencia de nuestra existencia como Espíritu. Como animales humanos, estamos sujetos a las leyes del Universo. Como Espíritus Divinos, a pesar de que estamos enredados en la experiencia humana diaria, tenemos una "parte humana" de poder Divino que está disponible para nosotros en cualquier momento. Se necesita un poco de práctica, sabiduría, determinación y fe, para aplicar las técnicas que finalmente nos conducirán a nuestro poder de crear.

Todas las técnicas de Kuji-In que hemos aprendido hasta ahora han servido a este objetivo final: nos devuelven nuestro poder Divino, incluyendo: nuestra fe, nuestro amor propio, y las herramientas que necesitamos para interactuar con el Universo y para crear nuestra realidad, en conformidad con nuestro deseo. Mediante el uso de estas técnicas de Kuji-In, hemos aprendido a estar a cargo, a aceptar la verdad tal como es, aunque para cambiarla de todos modos. Hemos practicado la observación de nuestra experiencia y aprendimos a trabajar para hacerlo mejor. A pesar de que seguimos siendo la causa de nuestro propio engaño (cada vez que culpamos a otros de lo que nos sucede) mediante la recuperación de nuestra responsabilidad por todo lo que experimentamos, estamos liberando nuestras mentes de la influencia del ego que cree que TIENE el control sobre nuestro destino. Este despertar libera nuestra libre voluntad Divina, y permite que nuestro poder inicial de manifestación ocurra naturalmente con armonía entre el Espíritu y la Consciencia.

A pesar de que todos los buscadores espirituales están ansiosos por ser los creadores finales de sus propias vidas, no es prudente precipitarse en formular deseos para que nuestro Espíritu cumpla, ya que, en estos primeros intentos, sólo sería nuestro ego tratando de imponer su visión en nuestro Espíritu (una vez más). Nuestro Espíritu, por respeto a nuestro libre albedrío, aceptaría gustosamente esas recientemente formuladas metas inventadas por el ego, dejándonos caer (una vez más) en la necesidad de sufrir las consecuencias negativas de nuestra experiencia y conocimiento limitado. Nuestro ego humano es en realidad nuestro mejor amigo (y un buen maestro) en el camino espiritual, pero no debemos permitir a nuestra identidad humana que se anuncie a sí misma como Divina. Dios será Dios en su propia experiencia de SÍ MISMO, y nuestro Espíritu ya cuenta con una gran cantidad de deseos maravillosos para nosotros, dispuestos a manifestarse en nuestras vidas en cualquier momento, con abundancia y alegría, directamente desde el reino donde todos somos uno con Dios.

Esto sólo puede ocurrir cuando aceptamos que, como seres humanos, no estamos en control. Vamos a tener control sobre nuestras vidas solamente mediante la elevación de nuestra definición de nosotros mismos. La forma de vida ZAI consiste en trabajar con nuestra mente, corazón y cuerpo con el fin de definirnos como un espíritu que está teniendo una experiencia humana, en lugar de un ser humano que a veces tiene una experiencia espiritual. No cometas el error de descartar tu identidad humana, los resultados serían desastrosos. En su lugar, recuerda que tu identidad humana es una parte necesaria de tu experiencia de ti mismo como un espíritu, y que es desde el punto de vista del Espíritu, todo lo que ha ocurrido desde tu nacimiento. Sólo un ser humano es lo suficientemente arrogante como para tratar de erradicarse a sí mismo desde el diseño de Dios, pero Dios nos conoce, Dios nos creó, y el hombre no puede erradicarse a sí mismo; lo mejor es aceptar el plan, entender el plan, y entrar en armonía con lo que es. Dios ve a través de nuestros ojos. A pesar de nos lamentamos de nuestro destino, Dios no ve la separación o el conflicto mientras ve este viaje a través de nuestros ojos. No es más que el ego que se molesta cuando se da cuenta de la idea de que nunca estuvo a cargo de nada, es mera ilusión. Redefínete a ti mismo como un ser Divino experimentando la vida humana, y aprecia tu experiencia humana; cada experiencia de vida tiene un gran valor. La identidad humana que has forjado con el tiempo es el tesoro que le llevas a tu Ser Divino cuando despiertas a tu existencia espiritual. Es lo que realmente eres. Hagas lo que hagas, todo lo que sabes o crees que sabes, eres todavía TU y tu nunca has parado, ni nunca vas a dejar de ser tu mismo. Es sólo tu punto de vista el que cambia. El nivel en el que te percibes a ti mismo evoluciona. Al mismo tiempo, como Espíritu, estás a cargo de todo, y eres un sirviente de tu ser humano. Ahora, todo lo que tienes que hacer es decidir desde qué punto de vista deseas existir.

La Técnica Zai

Toca las puntas de tus dedos pulgares e índices para formar un triángulo, mientras que tus otros dedos se separan hacia fuera.

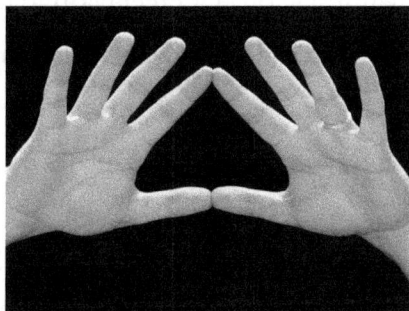

在

Chakra: Tercer ojo

Mantra jp: On Chi ri Chi i ba ro ta ya sowaka

Mantra sk: Om srija iva rtaya swaha

El universo está compuesto de muchos niveles de vibración resultantes de una sola experiencia sagrada. Hemos practicado el cierre suavemente de un ámbito de la realidad, para que pudiéramos prestar atención a los muchos otros ámbitos, desde lo físico a lo espiritual, que forman parte de nuestra existencia. Ahora, es hora de mirar la obra de arte del Creador y observar el Gran Plan. Presta atención a la danza de los elementos que se utilizan para crear el Universo. ZAI es una oración por una revelación de la verdad. ZAI pide que tu Espíritu te muestre lo que eres en su totalidad, así como lo que el Universo es y cómo funciona.

Los elementos originales, de lo que todo está hecho, se ensamblan y se condensan de acuerdo con las leyes que rigen el acto espiritual de la manifestación. La creencia tradicional (y extendida) es que un efecto secundario de esta técnica de Kuji-In, será que con el tiempo podrías tener la capacidad de influir en algunas de las manifestaciones de la naturaleza, tales como el movimiento de la lluvia y el viento. Sin embargo, esos detalles caen en el ámbito global de convertirte en el "Creador" de nuevo. No pierdas el tiempo tratando de hacer que llueva a menos que sea necesario para tu entrenamiento. Un verdadero maestro nunca o rara vez se preocupa por esos detalles. La técnica ZAI está destinada a conseguir que nos pongamos de nuevo en contacto con nuestra capacidad de crear. No es la operación de la manifestación en sí misma la que que nos interesa aquí. El método actual de la manifestación, naturalmente, seguirá la reconciliación inicial de nuestra identidad humana con su autoridad espiritual. Por ahora, no podemos construir si no tenemos las herramientas.

Nunca sabes cómo se producirá una revelación. No tenemos control humano sobre tales acontecimientos espirituales. Realiza el Kuji-In ZAI mientras te centras en tu tercer ojo, y simplemente ponte en contacto con los elementos libres de la creación a nivel espiritual, al igual que con sus contrapartes más densas en los niveles humanos y físicos. Después de un período más corto o más largo de tiempo, lo cual depende de cómo de elevado sea el punto de vista que hayas alcanzado durante tu práctica, una revelación te puede ocurrir y sabrás un poco más sobre ti mismo y el Universo.

Donde el Humano y el Espíritu se Tocan

La compasión es nuestra capacidad humana para ver la lección en una experiencia dolorosa y humana y, mientras entendemos la experiencia dolorosa, tener compasión significa que deseamos apoyar al afligido por ella y ofrecerle comodidad. A veces somos el ser humano que está en necesidad de consuelo y compasión; por lo tanto, en una situación dolorosa, podemos ofrecer justificadamente compasión en nuestro propio corazón humano. Este proceso es una forma que hemos encontrado para llevarnos un poco de consuelo a nosotros mismos, a pesar de que todavía deseamos resolver el dolor mediante el desarrollo de una comprensión correcta de la situación y llevar a cabo una serie de acciones de rectificación.

La emoción más elevada y pura que un ser humano puede sentir es la compasión, que proviene de su experiencia más sagrada de la vida; cuando logres la devoción definitiva al mayor bien para ti mismo, desde un estado de Amor puro, has logrado la emoción de la compasión.

La más horrible, densa, degradada, separada, dolorosa, destructiva y más oscura emoción que un Espíritu puede sentir es ... la compasión.

La compasión es el punto más bajo del Espíritu y el punto más alto del humano, y es en ese momento en el que se encuentran y se convierten en uno. Por lo tanto, la compasión es la puerta de entrada al poder, el último eslabón entre lo Divino y el mundo humano. Es allí, en el lugar donde experimentamos la compasión que el intercambio entre el Espíritu y el humano es el más poderoso. Cuando se hace esta conexión, el flujo poderoso desde arriba y desde abajo se desbloquea, y puede fluir libremente en ambas direcciones.

Desde el punto de vista humano, la compasión es el punto de vista donde el dolor no puede existir, donde todas las sensaciones dolorosas y placenteras son meramente sentidas como información acerca de nuestras experiencias humanas. Es el lugar donde nos fijamos en toda nuestra experiencia humana y sólo vemos lecciones de amor. Es desde este lugar que un ser humano puede comprender el punto de vista del Espíritu.

Para el Espíritu, la compasión es el punto de vista donde posiblemente podría existir dolor, donde toda la información que se siente como resultado de nuestra experiencia humana podría llegar a ser contaminada con la polaridad del bien y el mal, placer y dolor. Es a partir de ese lugar que el Espíritu puede captar la totalidad de la experiencia humana, y abrazarla con amor y entendimiento.

Aprende lo que es tener compasión. Aprende a actuar con compasión. Practica cambiar tu punto de vista desde un ser humano afligido a un Espíritu comprensivo, y, aun así, continúa con el paso a la acción para resolver las experiencias humanas no deseadas. No niegues tu propio dolor bajo el falso pretexto de que estás por encima de él. Simplemente cambia los puntos de vista, y el dolor se transformará a sí mismo con el tiempo.

ZEN

Modo de vida ZEN

Paso 1

El modo de vida Zen es una propuesta desafiante y requerirá bastante tiempo antes de que puedas alcanzar el dominio de la técnica. Sin embargo, incluso tus intentos iniciales de practicar esta técnica, transformarán tu vida. La meditación de fijación es adecuada, por sí misma, para ayudarte a tomar conciencia de los aspectos espirituales de tu vida, de manera que puedas sentir las energías en tu cuerpo cuando regreses de tu estado meditativo.

Practica meditación con frecuencia. Debes de meditar unos minutos después de cada práctica de Kuji-In. De hecho, debes considerar el añadir la meditación a tu rutina diaria, incluso si sólo eres capaz de hacerlo durante unos minutos todos los días. Cuanto más medites, más rápido tu crecimiento ocurrirá en lo sucesivo. Medita 10 minutos, 20 minutos, incluso 30 minutos en una sesión. Practica mantener tu cuerpo en un estado de meditación por períodos de tiempo cada vez más largos. Al meditar, mantente inmóvil mientras puedas, sin prestar atención a las pequeñas molestias físicas: picazón, calambres, hormigueo.

Cuanto más medites, más poderosa será tu capacidad de manifestar lo que piensas y deseas. Por lo tanto, cuando regreses al estado despierto y consciente, enfócate sólo en las cosas que deseas, o en las cosas que te hacen feliz. Desechar esta regla puede convertir tu vida en un infierno vivo, mientras que respetar esta regla puede convertirla en el cielo.

Meditación Fijación

La meditación de la fijación consiste en mirar algo sin mirarlo realmente. La fijación se puede realizar centrándose en un punto delante de ti, o en el suelo un poco lejos. Puedes recitar un mantra mentalmente para mantener tu mente enfocada y beneficiarte de los efectos del mantra. Puedes dejar el mantra en cualquier lugar de la meditación, tan pronto como estés seguro de que puedes mantener un estado de inactividad mental y que seas capaz de mantener tu mirada fija en lo que hayas elegido. Recomiendo una pared blanca.

Una meditación de fijación simple:
- Comienza con la técnica de respiración de tu elección durante 2 minutos.
- Utiliza un mantra mental de tu elección de 2 a 5 minutos.
- Practica la fijación, con los ojos abiertos, sin mantra, de 5 a 45 minutos. Sin mente, sin palabra, sin imagen.

Después de que hayas empleado algún tiempo y práctica, te darás cuenta de que tu conciencia ha estado en un estado alterado, debido a los cambios en la conciencia que sientes cuando sales del estado meditativo. El objetivo final de la meditación es trascender la conciencia y, aunque, permanecer consciente al mismo tiempo. Sin embargo, debes entrenar tu cuerpo y mente para trascender la conciencia, uno a uno.

El primer signo de una meditación exitosa es el sueño que sucede naturalmente cuando te relajas tanto que dejas que tu cuerpo se vaya a dormir mientras las energías espirituales entran en tus canales de energía. Tu cuerpo se quedará dormido y te sentirás somnoliento cuando regreses a la conciencia. Esto significa que te dormiste y no trascendiste. Aún así, es algo bueno ya que es una parte normal de la práctica. En este punto, tu cuerpo y tus canales de energía se están acostumbrando a recibir energías espirituales. Haz lo que puedas para permanecer despierto mientras meditas, pero el sueño es inevitable al principio.

Después de que hayas practicado este ejercicio por un tiempo ya no sucumbirás a dormirte. Puedes perder la conciencia por un momento o dos, pero siempre volverás a tu conciencia corporal y luego notarás inmediatamente que tu cuerpo mantuvo su postura por sí mismo. También notarás que no te sientes somnoliento. Esto es porque no te quedaste dormido, así que no estás despertando. Sentirás que tu conciencia está alterada de alguna manera; te sentirás ligero, enérgico y listo para continuar con tus asuntos diarios.

Rápidamente te sentirás cómodo estando en un estado alterado de conciencia y también te harás cada vez más consciente de las sensaciones espirituales en tu cuerpo físico. Eventualmente, podrías notar que la conciencia alterada y las sensaciones espirituales suceden, pero no perdiste la conciencia en absoluto durante toda la meditación. Esto significa que trascendiste conscientemente y que has logrado una gran transformación en tu cuerpo. Probablemente alternarás entre la trascendencia consciente e inconsciente de una meditación a la siguiente, dependiendo de tu nivel de fatiga y estado mental. No te preocupes, sólo los maestros iluminados transcienden conscientemente bajo su voluntad.

Paso 2

El segundo paso del modo ZEN, es mantenerte en esta actitud espiritual tanto como sea posible, mientras que, al mismo tiempo, permaneces totalmente consciente de tu realidad física. Intenta mantener una actitud espiritual en todas tus acciones, en cada momento.

Cuando completes una meditación o una técnica espiritual, intenta permanecer en el estado alterado de conciencia que resulta de tu meditación, pero baja a tierra en tu cuerpo físico tanto como sea posible. Querrás adoptar una actitud que permita que tu Espíritu habite tu cuerpo en todo momento. Esto requiere que seas capaz de alcanzar un estado meditativo al mismo tiempo que te estás enfocando en las acciones físicas que debes realizar. Muévete lentamente al principio, repite tu mantra mentalmente si es necesario.

Es posible que te sientas un poco mareado de vez en cuando. También puedes tener la extraña experiencia de sentir que no perteneces a esta realidad. Puedes tener momentos cortos de distracción intensa o incluso perder la conciencia del plano físico de la realidad durante unos segundos. Tendrás que desarrollar una actitud donde es maravilloso tener un cuerpo físico y vivir en este mundo, ya que es algo que es muy difícil de hacer mientras trasciendes. Esta es la razón por la que debes tener cuidado y trabajar en esta técnica en momentos apropiados, en lugares apropiados.

No intentes trabajar en una técnica meditativa o espiritual mientras estás conduciendo un automóvil, o cuando un estado trascendente pueda causarte daño a ti o a otra persona. No practiques esta técnica mientras estás trabajando en un sitio de construcción. Nunca lo hagas en el trabajo, donde tu eficacia puede ser obstaculizada por una trascendencia momentánea. Aplica esta técnica sólo cuando puedas permitirte perder el foco durante unos segundos. El objetivo final es practicar el permanecer espiritualmente trascendente en todo momento, pero lo mejor es comenzar en el ambiente más seguro y el período de práctica más relajado. Nunca te pongas en situaciones en las que puedas lesionarte o lesionar a otros. No hagas esta técnica cuando estés con demasiada gente, o cuando puedas ser juzgado por otros si trasciendes en público. Mantén tus prácticas para ti mismo y aplica esta técnica cuando sea fácil de aplicar, donde no haya consecuencias negativas como resultado de las posibles reacciones de tu cuerpo y mente a la técnica.

La Técnica ZEN

Apoya tus nudillos izquierdos sobre los dedos de tu mano derecha, con la palma de la mano derecha abierta. Toca las puntas de tus dos dedos pulgares suavemente.

前

Chakra: Corona

Mantra jp: On a ra ba sha no-o sowaka

Mantra sk: Om ah ra pa cha na dhi

Se cree que tu sistema de chakras y el canal de energía central de tu cuerpo son muy similares a un conducto que permite que la energía fluya dentro y fuera de tu sistema de energía. Es fácil imaginar una serie de tubos con energía fluyendo hacia nosotros y hacia fuera de nosotros. Podemos saltar a la conclusión de que, si algo puede fluir a través de este conducto, debe de estar vacío, pero esta deducción errónea es el resultado de las observaciones disponibles forzadas para nosotros, como resultado de los datos restringidos de nuestros sentidos limitados y de nuestra experiencia limitada.

Tu sistema de chakras y lo que llamamos su canal central no son canales en absoluto. La naturaleza de tu sistema de chakras es muy superior a una serie de cables y tubos: de hecho, tu sistema de chakras está hecho de "conciencia". El sistema de chakras no es un cuerpo físico, ni es una manguera a través de la cual fluye la energía; es un espíritu consciente que reside en el núcleo de tu cuerpo.

Cada chakra es un estado de conciencia que está diseñado para probar los diferentes sabores y experiencias de la vida. Cada chakra es un instrumento sensorial del alma que se extiende en nuestro cuerpo físico para que nuestro Espíritu pueda experimentar la vida en cada nivel. La energía resuena a través de los chakras, en lugar de fluir a través de ellos.

Por ejemplo, en un altavoz de radio, la electricidad se utiliza para hacer vibrar un imán, que a su vez hace que el aire vibre, generando sonido. No hay electrones reales o piezas del imán volando alrededor para que podamos oírlo; lo que oímos son vibraciones intangibles. Con respecto a la vista, percibimos las radiaciones fotoeléctricas emitidas por el sol o por una bombilla, pero no hay trozos de bombillas o partículas de hidrógeno en fusión volando alrededor de nuestros ojos y que atrapen de alguna manera. VEMOS porque nuestros ojos responden a vibraciones, la vibración de los fotones.

Es correcto decir que la energía, en forma de Qi, Jing y Shen, fluyen a través de nuestro sistema energético, en nuestros meridianos energéticos. También es correcto decir que la energía fluye a través de nuestros chakras. Pero nuestros chakras no son tubos; no son huecos; no están vacíos; aunque, tampoco están llenos; son niveles de "conciencia".

La técnica Zen es simple. Realiza la práctica de Kuji-In, mientras prestas atención a la conciencia dentro de ti, en lugar de a la energía en tu cuerpo.

Comienza esta técnica concentrándote sólo en tu respiración. Sostén suficiente conciencia mental de la técnica ritual que puedas ser capaz de mantenerte con (mudra, mantra, mandala), pero centrado principalmente en tu respiración durante unos minutos.

Presta atención a todo tu cuerpo físico por otros pocos minutos, y luego concéntrate en tus sentimientos y emociones durante unos minutos. Si no tienes sensación de sentimientos o emociones (bien, estás en paz) entonces concentra tu atención en el proceso de sentir tu cuerpo mental. Continúa poniendo tu atención en tu mente y actividad mental. No alientes ningún pensamiento en particular; simplemente focalízate en tu cuerpo mental, el concepto de pensar, los propios procesos reales.

Por último, presta atención a tu conciencia, tu espíritu, tu alma o cualquier otra noción de tu existencia espiritual que puedas captar. Lentamente deja ir cada aspecto de la técnica de Kuji-In, una tras otra. Deja ir el mudra y coloca tus manos en tu regazo o en la posición de meditación, a medida que continúas la meditación. Repite lentamente el mantra-oración mentalmente, y mira. Se consciente de ti mismo como Espíritu. Conviértete en tu conciencia y déjate trascender en meditación.

Procediendo a través de los niveles de respiración, conciencia corporal, sentimiento, conciencia mental y conciencia espiritual, has subido la escalera de conciencia a través de los diferentes estados de conciencia de tu cuerpo y de tu ser, al lugar donde finalmente puedes alabar al Espíritu Divino que eres.

El Proceso de 9 Días de Meditación Kuji-in

Cada día durante nueve días seguidos, aproximadamente a la misma hora también cada día, realiza el siguiente ritual usando sólo un paso de Kuji-in por día:

- Técnica activa de Qi-Gong de tu elección, 2 minutos.
- Técnica de respiración aérea y energética, 2 minutos.
- Técnica diaria Kuji-In, invocativa, 2 minutos.
- Técnica diaria Kuji-In, meditativa, 15-20 minutos.
- Vuelve a tu estado consciente y contempla en silencio durante 2 minutos.

El primer día, sólo utilizarás la técnica RIN. El segundo día, realiza RIN sólo 3 veces y luego concéntrate rápidamente en la técnica KYO. El tercer día, realiza RIN 3 veces, luego KYO 3 veces, luego céntrate en la técnica TOH, y así hasta que, en el noveno día, realices cada técnica 3 veces y luego focalízate en la técnica ZEN. Realiza cada técnica de la mejor manera posible.

El estudiante experimentado puede completar el ritual dos veces al día (mañana y tarde), o puedes duplicar el tiempo en cada paso. Este proceso de 9 días iniciará un nuevo nivel de práctica y entendimiento de todo el Sistema de Kuji-In. Al practicar todos los matices de los ejercicios de escucha y habla, verás tu vida transformarse justo ante tus ojos. Serás más feliz y estarás más satisfecho. Al permanecer disponible a todo tipo de conocimiento en cada nivel, obtendrás mucho más conocimiento de lo que te es transmitido por tus cinco sentidos. Aprenderás simplemente escuchando, mirando, contemplando, permitiendo que la verdad te sea revelada. Cuando alcanzas este nivel de logro, entonces, cuando hablas, sólo experiencias bonitas ocurrirán como resultado de lo que has dicho.

El Proceso de Auto-Iniciación
de 63 Horas de Kuji-in

La experiencia máxima de Kuji-In generalmente se transmite al estudiante en el contexto de una Iniciación que se realiza bajo la guía de un Maestro. Sin embargo, hay muchos estudiantes que no tienen acceso directo a un Maestro en un Templo, pero que todavía pueden desear tener la experiencia de la Iniciación. Con el objetivo de poder tener una verdadera experiencia de Iniciación, el estudiante debe aprender a elevar su energía lo suficiente como para poder recibir la experiencia transformadora que es parte fundamental de una auténtica Iniciación de Kuji-In: Deben experimentar los fenómenos de revelación que no se pueden expresar con palabras.

Esta experiencia de Iniciación no debe ser intentada por ningún estudiante hasta que el estudiante esté completamente familiarizado con todo el sistema de Kuji-In. Los intentos de apresurar tal proceso serán infructuosos. Sin embargo, para aquellos que han puesto un esfuerzo serio en el aprendizaje de los pasos, este proceso de 63 horas producirá una asombrosa cantidad de energía. Aunque el proceso de Iniciación producirá ciertamente los efectos transformadores deseados, este intenso guante iniciático también puede manifestar una multitud de reacciones físicas inusuales en el estudiante. Por lo tanto, debe ser utilizado sólo cuando honestamente te sientes listo para tal experiencia. Debes terminar el proceso en el momento en que lo sientas: Demasiado dolor; una pérdida de vista o de oído (incluso por un momento); visiones preocupantes, o si tienes alguna experiencia intensamente preocupante o insoportablemente dolorosa.

Cuando comiences este proceso, estate absolutamente seguro de que estás en un lugar seguro donde no serás molestado durante la duración de la Iniciación. Acomoda el área donde vas a realizar la Iniciación para que no te lesiones si caes al suelo. No te sorprendas si experimentas algunas descargas eléctricas suaves y no renuncies a la primera señal de malestar. Por favor entiende que todos tienen una experiencia diferente con la Iniciación de Kuji-In. De hecho, cada estudiante tiene una experiencia única con todo el proceso transformador de Kuji-In debido a la diversidad de las tradiciones y aplicaciones que lo componen.

El proceso es la simplicidad en sí mismo: Practica RIN durante 7 horas. Esto puede realizarse practicando el Kuji RIN durante una hora cada día durante siete días, ó durante 3'5 horas durante dos (2) días consecutivos, o continuadamente durante siete (7) horas (todo en un día). Una vez que hayas completado la serie RIN de Kuji, harás lo mismo con KYO, TOH, SHA ... hasta que hayas completado 63 horas de entrenamiento Kuji-In en no más de 63 días.

Para que este proceso tenga éxito, no debes omitir ni un día de práctica durante la Auto-Iniciación. Sin embargo, si comienzas a experimentar demasiados síntomas físicos incómodos, reduce el proceso a una hora al día. Si encuentras que incluso eso es demasiado duro para ti, todavía no estás listo para la Iniciación y debes volver a construir tu sistema energético usando la práctica normal. Una vez que sientas que estás mejor preparado, puedes volver a iniciar el proceso unas semanas más tarde.

Para cada período de práctica realizarás:

- La técnica activa de Qi-Gong de tu elección, 2 minutos.
- Técnica de respiración aérea y energética, 2 minutos.
- La técnica invocativa de Kuji-In
  (Duración determinada según tu plan).
- Contemplación silenciosa después de tu práctica del día.

Conclusión: Auto-transformación

Ha pasado un tiempo desde que nos comportamos de la manera que lo hacemos. Ha pasado mucho tiempo desde el comienzo de la humanidad. Desde los orígenes animales de nuestro cuerpo, hasta la afirmación pretenciosa de que somos conscientes y conocedores de muchos grandes secretos, el fundamento genético de nuestra vida humana todavía tiene mucho que ver con nuestra forma de actuar y reaccionar.

Se necesitará algún esfuerzo y consuelo para tomar conciencia de todo lo que somos y reconocer conscientemente el dominio de nuestra propia experiencia de vida. Pero no estamos solos, y no estamos abandonados sin ayuda. Mantenemos firmemente las herramientas que nos servirán en nuestra búsqueda. Con un equilibrio de aplicación práctica y auto contemplación, tendremos éxito en recordar quiénes somos, al reconocer la verdad tal como nos es revelada desde dentro.

El objetivo de nuestro camino es transformarnos, comenzando desde nuestros más profundos cimientos, hasta la raíz de nuestra existencia, para liberarnos de nuestra aparente concha corporal y redefinirnos a nosotros mismos como la gloriosa vivencia del Espíritu. A medida que avanzamos en el camino, la transformación se parece más a un recuerdo de lo que dejamos atrás cuando llegamos a ser humanos. Trabajamos sin cesar para sublimar el funcionamiento interno de nuestra mente y nuestro cuerpo; para aceptar a nuestro ser animal humano como la belleza de la creación, aunque nosotros prosperamos para recordar nuestro maravilloso origen espiritual.

Ruego que tengas el coraje de aplicar las técnicas y la sabiduría lo suficiente como para desvelar los tesoros que lleva. Ruego para que te encuentres, que te acuerdes de quién eres y que te mires a ti mismo como el ser maravilloso que has creado en el momento de tu propio origen.

Dios te bendiga, buscador de la verdad,

~ Maha Vajra